CONTES
ET NOUVELLES
DE
LA FONTAINE

TOME PREMIER

N°

Cette édition a été tirée à 1004 exemplaires numérotés,
savoir :

500 exemplaires in-8°		écu vergé, n°s 1 à 500.
300	—	cavalier vergé, n°s 1 à 300.
100	—	carré Chine, n°s 1 à 100.
100	—	raisin Whatman, n°s 1 à 100.
4	—	peau vélin de veau, n°s 1 à 4.

1004

CONTES
ET NOUVELLES

EN VERS

PAR M. DE LA FONTAINE

TOME PREMIER

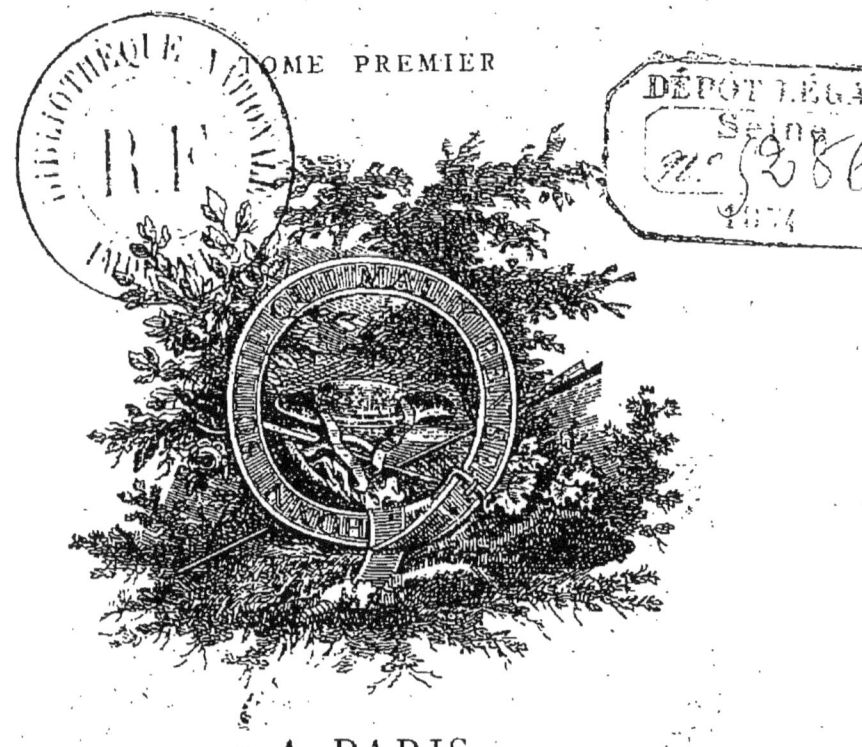

A PARIS
CHEZ A. BARRAUD, ÉDITEUR
23, Rue de Seine, 23

MDCCCLXXIV

RECHERCHES

SUR L'ÉDITION

DES FERMIERS-GÉNÉRAUX

MESSIEURS *de Goncourt, qu'il faut toujours citer avec confiance quand il s'agit d'un artiste ou d'une œuvre d'art du XVIIIe siècle, commencent la notice brillante et gracieuse qu'ils ont consacrée au peintre dessinateur Charles Eisen, par un éloge enthousiaste de l'édition des* CONTES DE LA FONTAINE, *publiée en 1762 aux frais et par les soins des Fermiers-généraux :* « *Parmi les livres d'art et de luxe du XVIIIe siècle, disent-ils, il en est un qui est une merveille et un chef-d'œuvre, l'exemple sans égal de la richesse d'un livre. Cet ouvrage, le grand monument et le triomphe de la vignette, qui domine et couronne toutes les illustrations du temps, nous l'avons nommé pour tous les amateurs : ce sont les* CONTES DE LA FONTAINE, *l'édition dite des* FER-

a

MIERS-GÉNÉRAUX, *et méritant ce baptême de leurs noms, vrai livre royal des derniers financiers Mécènes, une des plus belles dépenses de l'argent intelligent et sensuel du règne de Louis XV. De ce livre, pour lequel nulle dépense n'a été ménagée; de ce livre, où il y a des images pour chaque petit poëme, où les meilleurs graveurs se sont disputé les planches, où Choffard a jeté presque à toute page ses ingénieux culs-de-lampe; de ce livre, le modèle inimitable de la gravure galante décorant le conte libre, une page, la première d'un des deux volumes, montre, comme un pendant du portrait de La Fontaine, le portrait du dessinateur Charles Eisen.* »

MM. de Goncourt font ressortir, de ce rapprochement ingénieux, que Charles Eisen était, comme notre immortel La Fontaine, l'inspirateur et le créateur de la magnifique édition, qui semble avoir été un monument triomphal érigé à la fois en l'honneur de la poésie et des arts du dessin; mais ils ne paraissent pas s'être préoccupés, d'ailleurs, de l'origine encore inconnue et mystérieuse de cette édition, que les contemporains ont acceptée sans doute avec admiration, mais en silence, car dans les mémoires, les journaux et les correspondances du temps, où il est question de la moindre nouveauté en fait de livres, on ne trouve aucune trace d'une si belle publication, qui n'a pu manquer de faire événement. Grimm, Bachaumont, Voltaire, Madame Du Deffant, Madame d'Épinay, Marmontel, etc., n'en disent mot, quoiqu'ils eussent reçu en présent le nouveau livre, qui ne se vendait pas, du moins publiquement, mais qui fut cependant distribué à plus de mille exemplaires, la plupart reliés par les meilleurs artistes, et surtout par Derome. De ces mille premiers exemplaires donnés ou vendus, nous n'oserions pas soutenir que la sixième partie ait eu le bonheur d'échapper à la dé-

struction systématique, qui a pendant tant d'années menacé les bibliothèques, à la mort de leurs propriétaires, sous le coup de la censure et de l'inventaire posthumes. Ce n'était pas là une manière d'encourager les possesseurs de l'édition des FERMIERS-GÉNÉRAUX, à nous faire connaître les circonstances anecdotiques, qui avaient présidé à la mise au jour d'un livre, presque prohibé, imprimé en vertu d'une permission tacite du lieutenant de police, mais non destiné à la vente publique chez les libraires.

Un pareil livre n'était pas de ceux que les libraires pouvaient faire exécuter à leurs risques et périls, et l'on n'a jamais su jusqu'à présent comment avait été faite une publication qui réclamait la direction et la surveillance d'un ami des arts et d'un bibliophile expérimenté. Malgré des recherches persévérantes et réitérées, nous n'avons pas réussi à découvrir d'une manière certaine les causes, les préludes, les voies et moyens de cette publication unique, qui se rattache certainement à bien des faits particuliers, encore ignorés, et qui a été le résultat des volontés, des efforts et des travaux de différentes personnes notables, qu'on n'a même pas encore désignées par leurs noms. Excepté un document incontestable, que nous devons à l'obligeance généreuse d'un savant iconophile, M. Mahérault, nous n'avons à produire, sur un sujet si neuf et si intéressant, que des conjectures plus ou moins spécieuses, des inductions plus ou moins habiles, et de vagues réminiscences qui se sont groupées dans notre esprit, en passant peut-être à travers notre imagination.

Notre regrettable ami, le savant polygraphe et dilettante le marquis Léon de Laborde, directeur des Archives de l'Empire, nous raconta, dans le feu de la conversation, quand nous nous disposions à écrire quelques notices sur les hommes marquants de sa famille, notices insérées *depuis dans la nouvelle* Biographie universelle *de Michaud, que son grand-père, Jean-Joseph de Laborde, eut la plus grande part à la publication de l'édition dite des* Fermiers-généraux. *Nous ne jugeâmes pas devoir mentionner cette particularité dans l'article assez étendu que nous avons consacré à cet illustre financier, qui était fermier-général en 1758, à l'époque même où fut projetée et commencée cette édition des* Fermiers-généraux, *mais nous nous sommes borné à rappeler le goût que Jean-Joseph de Laborde avait pour les arts, et la protection qu'il accordait aux artistes, aux peintres, notamment à Joseph Vernet, à Hubert Robert et à Greuze : « Ce grand négociant, banquier malgré lui (Louis XV l'avait nommé banquier de la cour), avait associé au talent de faire sa fortune le talent plus rare de la bien dépenser. Un penchant décidé par la magnificence, un goût exquis des arts, une tendance continuelle vers les innovations, trouvèrent dans sa caisse des ressources inépuisables. » Il est donc permis de supposer que Jean-Joseph de Laborde avait tiré de sa caisse les premières rémunérations attribuées au dessinateur et aux graveurs, qui furent chargés de préparer l'édition des* Fermiers-généraux.

Le précieux document que M. Mahérault a bien voulu nous fournir ne contrarie en rien le renseignement verbal que le marquis Léon de Laborde nous avait donné. C'est une note autographe de feu M. Collot, ancien directeur de la Monnaie, note inscrite par lui-même sur l'exemplaire qu'il possédait, et dont il constatait la provenance :

« Cet exemplaire m'a été donné, à Rome, en 1797, par le chevalier d'Agincourt, ancien fermier-général, qui avait été chargé, par la Compagnie, du choix des artistes qui devaient exécuter les gravures de cet ouvrage.

« *Il me donna, en même temps, le recueil qu'il avait formé de premières épreuves de toutes les gravures de ces* Contes. *On en voit plusieurs qui ne sont qu'esquissées (c'est-à-dire à l'eau-forte), d'autres qui sont retouchées de sa main (à la mine de plomb) ; enfin on en voit quelques-unes qui n'ont pas été adoptées.*

« *Cette édition, publiée à si grands frais par la première compagnie financière du royaume, est un de ces traits caractéristiques qui peignent largement les mœurs du temps.*

« *Cet exemplaire et le recueil des gravures valent de 800 à 1,000 francs.* »

Seroux d'Agincourt, cet artiste amateur, ce dilettante passionné, cet archéologue universel, ne fut nommé fermier-général qu'en 1764, *mais il était lancé dans la société des financiers, des artistes et des gens de lettres, depuis qu'il avait quitté le service militaire pour se vouer exclusivement au culte des arts et des sciences.* « *Déjà, dit son élève et son collaborateur Lasalle, dans son article de la* Biographie universelle *de Michaud, déjà sa réputation, son caractère, son esprit, l'avaient fait rechercher dans ces cercles où les hommes les plus remarquables venaient rivaliser de tact et de connaissances. Les talents se groupèrent autour de lui : Vernet, Fragonard, Boucher, Vanloo, Robert, Vien, Pigalle, Bouchardon, Cochin, Wille, Devence, Lalive, Blondel, d'Azincourt, le comte de Caylus, Saint-Non, Mariette, l'abbé de Tersan, furent à la fois ses amis, ses maîtres et ses disciples.* » *Lasalle aurait dû ajouter à ces noms d'artistes ceux d'Eisen, de Lemire, de Longueil, de Lafosse, de Flipart, de Choffard, qui furent choisis par d'Agincourt pour exécuter l'édition des* Contes de La Fontaine, *et qui travaillèrent plusieurs années sous ses yeux et d'après ses conseils; il aurait dû aussi ne pas oublier cette édition, fameuse entre toutes les œuvres d'art, que d'Agincourt a secondées par son influence et son initiative; il aurait dû surtout citer les principaux Salons des Fermiers-généraux, tels que ceux de La Popelinière, de Lalive, de Dupin et de Laborde, ces grands protecteurs des arts et des artistes, sous les auspices de Seroux d'Agincourt.*

On peut établir, et presque avec certitude, que le projet de l'édition des Contes de La Fontaine *fut étudié dans la société intime des Fermiers-généraux, vers l'année 1758, puisque la plus ancienne date qui se trouve consignée sur les gravures est celle de 1759. Il faut remarquer ensuite qu'aucune de ces estampes ne porte la date de 1760, ce qui paraît indiquer que les travaux des graveurs furent suspendus cette année-là. Beaucoup de gravures sont datées de 1761 et de 1762, et tous les culs-de-lampe de Choffard datent de l'année même de la publication. L'édition étant acceptée en principe dans l'année 1758 et commencée immédiatement par les graveurs, d'après les compositions de Charles Eisen, qui n'avait pas mis moins de six ou sept ans à exécuter ses quatre-vingts dessins, malgré la prodigieuse rapidité avec laquelle il improvisait ses croquis à la mine de plomb; il nous a semblé utile et juste de relever la liste complète des Fermiers-généraux, à l'époque où ils s'engagèrent à contribuer, chacun pour sa quote-part, aux dépenses de cette édition, qu'ils avaient entreprise, non-seulement pour rendre hommage au génie de La Fontaine mais encore pour favoriser le progrès des arts du dessin et surtout pour jouer le rôle de Mécènes à l'égard des jeunes artistes de l'école de Lebas. Voici cette liste des Fermiers-généraux, telle que nous la donne l'*Almanach royal *de 1758 : plusieurs d'en-*

tre eux ne vécurent pas jusqu'à l'achèvement de leur édition favorite des Contes de La Fontaine.

Alliot, en Lorraine.
Baudon, rue de Richelieu, vis-à-vis la rue Feydeau.
Boisemont, rue Coq-Héron.
Borda, rue Neuve-des-Capucines.
Bouillac, place des Victoires, au coin de la rue des Fossés-Montmartre.
Bouret, rue de la Grange-Batelière.
Bouret de Valleroche, rue de la Madeleine, faubourg Saint-Honoré.
Chalut de Vérin, place de Louis-le-Grand.
Charon, rue Sainte-Avoie.
Chicoyneau de la Vallette, rue des Bons-Enfants.
Dangé, place de Louis-le-Grand.
Dancero, rue Vivienne.
Daugny, rue de la Grange-Batelière.
De Beaumont, place de Louis-le-Grand.
De Caze, place de Louis-le-Grand.
De Cuisy, rue de Cléry.
D'Érigny, rue des Jeûneurs.
De Fontaine, rue Couture, et vis-à-vis Sainte-Catherine.
De Fontpertuis, rue Neuve-Saint-Augustin, près de la rue Sainte-Anne.
Dejort de Fribois, rue des Vieilles-Audriettes.
De la Borde père } rue et porte Montmartre.
De la Borde fils
De la Bouexière, rue d'Antin.
De la Chabrerie, rue de Richelieu, près le boulevard.
De la Garde, rue Saint-Honoré, vis-à-vis les Capucins.
De Nantouillet, } rue Neuve-Saint-Augustin.
De Nantouillet de Marly,
De Neuville, rue et près la Fontaine de Richelieu.
De Pressigny, place de Louis-le-Grand.
Desfourniels, rue de Cléry, à l'hôtel Le Blanc.
Douet, rue de Gaillon.

Dupin père,
Dupin de Chenonceaux, } rue Plâtrière.
Faventines, rue de Richelieu, près la Fontaine.
Ferrand, rue et porte Montmartre.
Fontaine de Cramayel, rue du Sentier, près la rue du Rempart.
Fournier, rue Saint-Honoré, vis-à-vis les Jacobins.
Gigault de Grisnoy, rue Coquillière, hôtel de Laval.
Grimod de la Reynière, rue Neuve-des-Petits-Champs, près la place des Victoires.
Hatte, rue Neuve-de-Luxembourg.
Haudry,
Haudry de Soucy, } rue du Bouloy.
Hocquart,
Hocquart de Coubron, } place de Louis-le-Grand.
Lalive d'Épinay, rue Saint-Honoré, près les Capucins.
Lallemant de Betz, rue Neuve-Saint-Augustin.
Legendre de Villemorien, rue Basse-du-Rempart, près le marché d'Aguesseau.
Le Monnier, rue Neuve-des-Petits-Champs, près de la place des Victoires.
Le Normant, rue de la Grange-Batelière.
Le Riche de la Popelinière, rue Richelieu, près de la Bibliothèque.
Mazière, rue du Chaume, au Marais.
Mercier, rue du Chantre, vis-à-vis Saint-Honoré.
Parceval, rue Saint-Marc.
Perrinet, à l'entrée du faubourg Saint-Honoré.
Préaudeau, rue Montmartre, près l'hôtel d'Uzès.
Puissant, rue Saint-Marc.
Randon de Boisset, rue des Fossés-Montmartre.
Richard de Pichon, place de Louis-le-Grand, près les Capucines.
Roslin, rue Vivienne.
Roussel, rue Plâtrière.
Saint-Amand, rue Plâtrière.
Saint-Amarante, rue Neuve-Saint-Augustin, vis-à-vis l'hôtel de Gesvres.
Savalette de Buchelay, rue Saint-Honoré, près les Jacobins.
Verdun, rue Gaillon.

Ces soixante-quatre Fermiers-généraux, dont les noms auraient mérité d'être inscrits sur le beau livre qui fut exécuté à leurs frais, n'y contribuèrent peut-être pas tous dans la même proportion, ou du moins avec le même zèle, car les Contes de La Fontaine *n'étaient point un livre qui convînt à tout le monde et qu'on osât mettre impunément entre toutes les mains, quelle que fût la tolérance ou plutôt la licence des mœurs et des idées à cette époque. Ce livre n'avait pas encore d'ailleurs été réimprimé en France, même avec permission tacite du directeur de la librairie, depuis sa suppression et son interdiction par une ordonnance du lieutenant de police en 1671, quoique les trois premières parties des* Contes et Nouvelles *en vers eussent paru d'abord, à Paris, chez Claude Barbin, avec privilége du roi. C'était donc la Hollande qui ne cessait de multiplier et de répandre partout les éditions de ce recueil, lequel entrait subrepticement dans toutes les bibliothèques des lettrés et des gens du monde, sans jamais circuler dans la librairie française. Tel fut le livre qu'on osa faire imprimer à Paris, en l'ornant de gravures moins chastes encore que le texte. Le vertueux Guillaume de Lamoignon-Malesherbes, président de la Cour des Aides, remplissait alors les fonctions délicates de directeur de la librairie, mais Madame de Pompadour était maîtresse de Louis XV, et son frère, le marquis de Marigny, était directeur général des bâtiments, jardins, arts et manufactures du roi.*

C'est ici que les inductions s'offrent d'elles-mêmes, à défaut de faits incontestables et de preuves écrites. Le mari de Madame de Pompadour, Le Normant d'Étioles, n'était autre qu'un fermier-général et un voluptueux philosophe, et dès l'année 1739 les fermiers-généraux avaient accepté l'idée de publier à leurs frais une édition monumentale et artistique des Fables *et des* Contes *de La Fontaine.*

On commença par les Fables, et Oudry, le célèbre peintre d'animaux, composa les deux cent soixante-dix-sept dessins qui furent gravés par Étienne Fessard, pour la grande édition en quatre volumes in-folio, et publiés en livraisons, chez Desaint et Saillant, de 1755 à 1759. Le succès de ce livre magnifique fut immense, et une partie des déboursés eût été couverte par la vente, si le nombre des exemplaires, admirablement reliés par Padeloup, qui furent distribués en présent, n'avait pas fait monter les frais à des sommes exorbitantes. Pendant la préparation de ce splendide chef-d'œuvre du dessin et de la gravure, on n'avait pas négligé de préparer aussi l'édition des Contes de La Fontaine : la composition des dessins était confiée à Marolles, peintre en miniature, qui avait la vogue dans le monde financier et galant. Marolles exécuta les esquisses peintes des estampes destinées à cette édition, qui devait d'abord être publiée, comme les Fables, dans le format in-folio. Ces esquisses, y compris celles des vignettes et des culs-de-lampe, furent payées à l'artiste et livrées au fondé de pouvoir des Fermiers-généraux, mais elles ne passèrent jamais dans l'atelier du graveur. L'édition in-folio avait été abandonnée, sans doute à cause de l'indécence des compositions de Marolles, indécence que faisait ressortir davantage la grandeur du format des esquisses.

Il faut supposer que ces esquisses restèrent en la possession du fermier-général, qui s'était occupé plus particulièrement de suivre les travaux du dessinateur. Ce fermier-général fit plus tard copier, par le fameux calligraphe Monchaussé, le texte des Contes en deux volumes in-folio, et y ajouta les esquisses originales de Marolles. Ce recueil est ainsi décrit, dans le Catalogue des livres, manuscrits et imprimés des peintures, dessins et estampes, du cabinet de M. L... (*Lamy*), rédigé par A.-A.

Renouard en 1807 : « *N° 3453. Contes et Nouvelles de Jean de La Fontaine, 2 vol. in-fol. maximo, reliés en veau porphyre. Précieux manuscrit sur papier, d'une très-belle écriture, par Monchaussé. A chaque conte est un grand dessin colorié : ce sont les esquisses des miniatures qui furent depuis exécutées pour le manuscrit de M. Gaignat.* » En effet, le célèbre bibliophile Louis-Jean Gaignat avait voulu avoir dans sa bibliothèque une copie fac-simile de ce livre extraordinaire, qui ne devait pas être publié, pour faire suite à la grande édition des Fables avec les figures d'Oudry. Il obtint de Marolles la reproduction terminée de ses esquisses peintes, et de Monchaussé une nouvelle transcription des Contes, laquelle fut achevée en 1745. Ce second manuscrit est signalé ou plutôt déguisé, en ces termes, dans le Catalogue des livres du cabinet de feu M. Louis-Jean Gaignat, *que François de Bure le jeune rédigea, en* 1769, *comme un supplément à sa* Bibliographie instructive : « *N°* 1875. Poésies diverses de Jean de La Fontaine, *manuscrit sur vélin, exécuté en lettres rondes par Monchaussé (en* 1745), *et décoré de tableaux, vignettes et culs-de-lampe peints en miniature par le fameux Marolles.* 2 *volumes in-4, grand papier, mar. bl.* »

On avait renoncé à l'édition in-folio des Contes, avec texte gravé d'après le modèle exécuté par Monchaussé, et que Montulay se serait chargé de reproduire en tailledouce, comme celui des Fables de l'édition in-folio ; mais on pensait toujours à faire une édition des Contes, dans un format moins solennel et plus portatif. Le choix de l'artiste qui pouvait orner de ses dessins cette édition de luxe et de galanterie, n'était pas difficile à faire : on avait Cochin, Boucher, Gravelot, et d'autres bons dessinateurs de sujets galants. Il ne faut pas s'étonner si l'on donna la préférence à Charles Eisen. Ce peintre, ce dessinateur, ce graveur, élève de son père, François Eisen, et de Boucher, était venu de Bruxelles à Paris en 1741, à l'âge de vingt et un ans, et il avait aussitôt rivalisé avec Gravelot pour l'ornementation des livres à figures : « Une main courante, disent MM. de Goncourt, un crayon toujours en verve, une facilité qui tient à la fois d'un jet de force et d'une production mécanique, permettent à Eisen d'illustrer presque tous les livres qui paraissent, de jeter au public des dessins de toutes sortes, paysages, études de chevaux, costumes de militaires, entrées d'ambassadeurs, sujets sacrés, mythologiques, antiques, contemporains, dont les titres suffisent à remplir chaque année des pages entières du livret de l'Académie de Saint-Luc. »

Dès la première exposition de cette Académie, qui allait faire concurrence à l'Académie royale de peinture et de sculpture, dès 1751, on avait remarqué deux dessins « faits pour Madame la marquise de Pompadour, de la composition du sieur Eisen, » et du même artiste, deux autres dessins, un Printemps et un Automne, tous deux de même grandeur, qui avaient été gravés pour Madame de Pompadour, d'après des bas-reliefs d'ivoire qui lui appartenaient. C'est là le point de départ de la faveur d'Eisen, à la cour et auprès de la maîtresse du roi. Il était déjà le protégé de Voyer d'Argenson, marquis de Paulmy, protecteur de l'Académie de Saint-Luc, auquel il dédia en 1753 le Premier livre d'une Œuvre suivie, contenant différents projets de décorations et d'ornements, gravé d'après ses dessins par ses anciens camarades de l'atelier de gravure de Le Bas. A l'exposition de l'Académie de Saint-Luc en 1753, on vit figurer les premiers dessins de Charles Eisen, « tirés des Contes de La Fontaine. » C'est donc à l'année 1753, et même 1752, qu'il faut faire remonter la commande de ces dessins, confiée à Eisen exclusivement, au nom des Fermiers-généraux. Mais alors la réputation d'Eisen n'était plus à faire ; il avait pleinement réalisé les espérances que son talent ingénieux et abondant avait fait concevoir, depuis son arrivée à Paris ; il justifiait déjà les préférences et l'engouement des amateurs qui le protégeaient ; il était membre associé de l'Académie des Beaux-Arts de Rouen et adjoint professeur à l'Académie de Saint-Luc. Il n'en serait pas resté là et il aurait fait un chemin rapide dans la carrière des honneurs et de la fortune, si le manque d'éducation, la légèreté de caractère, le défaut de tact et de savoir-vivre, n'eussent pas refroidi et découragé ses protecteurs les plus sympathiques. Il se ferma lui-même la porte des salons où son talent lui avait donné accès, et il retomba, au sortir du monde élégant de la finance, dans la vie débraillée et triviale des ateliers.

Ses dessins pour les CONTES DE LA FONTAINE paraissent avoir été faits dans l'espace de six ou sept ans, de 1752 à 1758, et cela sans interruption de ses travaux multiples de peintre et d'illustrateur de livres. Ces dessins, un peu effacés et altérés en sortant des mains des graveurs, furent recueillis soigneusement par un amateur, qui les fit relier en volume. On les retrouve, en 1795, dans la bibliothèque d'Anisson Dupéron, ancien directeur de l'Imprimerie royale. Guillaume de Bure les a décrits, en peu de mots, sous le numéro 759 du Catalogue des livres de ce riche dilettante, qui avait péri sur l'échafaud de la Terreur : « Les quatre-vingts dessins originaux sur vélin faits par Eisen pour la superbe édition des CONTES DE LA FONTAINE, connue sous le nom d'édition des Fermiers-généraux; avec l'explication de chacun, rassemblés dans un volume in-8°, maroquin vert doublé de tabis, et fermant à secret. Cette collection est d'autant plus précieuse qu'Eisen a fait peu de dessins où il y ait autant de goût, *d'esprit et de finesse : tous les sujets sont piquants, et la gravure n'en donne qu'une idée imparfaite. »* Ce recueil unique fut vendu 77,000 francs en assignats et resta caché dans le cabinet d'un amateur jaloux, avant de passer dans la bibliothèque du prince d'Essling ; il ne fit que traverser celle du comte d'Ussy et rentra dans le mystère d'une prudente obscurité, en devenant le plus joli bijou d'un écrin de charmants livres, réunis par une femme aimable et spirituelle, Madame Doche, artiste du Vaudeville. C'est dans ces belles mains que M. Fontaine, libraire du passage des Panoramas, alla le dénicher, pour M. Double, qui voulait l'avoir, et qui ne le paya que 4,000 francs. Le portefeuille à secret, inventé par Anisson Dupéron pour ce trésor, qu'on ne montrait qu'à un petit nombre de privilégiés, avait été remplacé, depuis vingt ans, par une reliure de Thouvenin, en maroquin violet, à filet et à compartiments, avec tranche dorée. L'amateur qui avait fait relier ces délicieux dessins, dans un exemplaire de l'édition imprimée par Didot aîné en 1795, était presque un barbare, quoi qu'il eût ajouté, à cet exemplaire en grand papier d'une édition in-18, deux suites des figures de l'édition des Fermiers-généraux, la première en noir et la seconde coloriée, ce qui avait exigé de diviser le livre en quatre volumes. Les dessins d'Eisen étaient alors, la plupart, en assez mauvais état, quelques-uns à peine visibles, la mine de plomb s'étant estompée sous les doigts des curieux. De là le prix minime de l'adjudication, à la vente du cabinet de M. Double, où ces quatre volumes furent vendus 3,250 francs, en 1863. Il n'eût fallu qu'un essai hardi, pour rendre aux dessins d'Eisen tout ce qu'ils avaient perdu en force et en éclat, pour raviver, au moyen d'un simple procédé chimique, la mine de plomb à demi effacée et presque éteinte sur le vélin jauni par le temps.

MM. de Goncourt ont bien jugé, en général, les dessins d'Eisen qui nous restent, et qui sont nombreux : « La plupart, disent-ils, sont des plus séduisants ; ils ont par excellence le charme du dessin, l'esprit. Eisen les a exécutés tantôt à l'encre de Chine relevée de plume, ou bien il les touche d'une aquarelle légère ; le plus souvent il les crayonne à la mine de plomb. Ceux-ci surtout révèlent toute sa grâce. Inspiré de Boucher, sorti de son enflure ronde, de son style douillet, Eisen s'en dégage par l'affinement, la délicatesse de sa manière, et même, en rappelant le maître, il reste toujours Eisen.... Rien d'égal à l'adresse, à la facile inspiration dans le badinage et le tâtonnement de ce crayonnage autour des profils, des figures, des habits et des lignes. Ces souffles de dessin ont le mouvement de l'attitude et des personnages, la liberté des étoffes, l'âme de toute une composition. » Après ces éloges si peu ménagés et si finement touchés, MM. de Goncourt comparent Eisen à Gravelot et le sacrifient à ce dernier, avec un peu trop de partialité, avec une sorte d'injustice, si l'on s'arrête, pour apprécier Eisen, à son chef-d'œuvre, aux figures de l'édition des Fermiers-généraux : « Eisen n'a presque toujours qu'une grâce inférieure ; son dessin mou, rond, sans étude, ne tient pas, à côté de ce dessin de Gravelot, serré, délicat, fini et vivant jusqu'au bout des extrémités des doigts d'une main. Ses personnages sont marqués au signe d'une vulgarité courante.... La femme, chez Eisen, dans toutes les figures qu'il a improvisées d'elle, ne semble que le type banal, égrillard, souriant et inerte de quelque modèle de la rue, sur laquelle il a jeté une robe de dame ; une sorte de poupée à grosse mouche à la tempe, décolletée et fallebassée, la jupe courte, le corsage à l'air, à laquelle le dessinateur ne sait prêter que la fadeur d'une monotone afféterie ; car

Eisen,—regardez ses CONTES DE LA FONTAINE, *ses grand vignettes de la vie familière,—Eisen est toujours inexpre sif, presque inanimé...* » *Il suffit d'avoir sous les yeux l incomparables figures des* CONTES DE LA FONTAINE, *pou reprocher à MM. de Goncourt d'avoir exagéré, en la ge néralisant, une critique vraie à certain point de vue, mai applicable surtout aux œuvres de la décadence du dessi nateur, qui n'avait jamais eu beaucoup de conscience ni d dignité d'artiste, et qui, avant d'être devenu vieux, se lais sait aller aux négligences et aux insouciances de la vieil lesse dans des compositions hâtives, vagues et imparfaites*

Il est certain que ses dessins pour les CONTES DE L FONTAINE *avaient singulièrement augmenté sa renommée puisqu'on lui fit l'honneur insigne de mettre son portrait côté de celui de l'immortel conteur, qui n'avait jamais e un interprète plus intelligent, plus spirituel, plus malicieu et plus galant. Ces dessins faisaient sans doute l'admiratio des salons de la finance, où se pressait une société d'élite e tout genre; ils devaient passer de main en main dans ce réunions brillantes de femmes distinguées, de beaux es prits, de philosophes, de grands seigneurs, d'étrangers d distinction; ils subissaient l'épreuve de l'éloge et de l critique, avant d'être distribués aux artistes qui devaien les graver. Eisen allait souvent au palais Bourbon, che le comte de Kaunitz, ambassadeur d'Autriche, puisqu'i avait dessiné, en 1753, l'entrée de cet ambassadeur à Pa ris; il allait chez le marquis de Marigny, puisqu'il don nait des leçons à Madame de Pompadour; il allait chez le marquis de Paulmy, à l'Arsenal, puisqu'il avait dédié son premier recueil d'ornements à ce seigneur, ami et protec teur des arts; il allait aussi chez le fermier-général Du pin de Chenonceaux, en son hôtel de la rue Plâtrière, puisqu'il avait commencé à illustrer de ses dessins une traduction des* Sonnets *de Pétrarque, projetée par la belle Madame Dupin; il allait surtout chez le fermier-général Lalive d'Épinay, rue Saint-Honoré, près les Capucins, puisqu'il travaillait alors aux estampes du poëme des Saisons, de Saint-Lambert, qui l'avait introduit dans ce salon, fréquenté par les meilleurs écrivains et les premiers artistes, que Madame Geoffrin réunissait chez elle tous les mardis à dîner ou à souper. Tel était le milieu où prirent naissance les plus gracieuses et les plus malignes compositions des* Contes de La Fontaine, *je dis malignes, parce que je ne doute pas que la plupart des personnages représentés ne soient des portraits d'après nature.*

Il faudrait comparer avec des portraits authentiques les principaux personnages des dessins d'Eisen, et l'on remonterait ainsi, j'en suis persuadé, au type qui a servi de modèle à l'artiste. Par exemple, dans la Chose impossible, *on reconnaîtra presque avec assurance Louis XV et Madame de Pompadour. Qui sait si ce n'est pas là l'origine de la disgrâce d'Eisen à la cour? Eisen semble avoir voulu se pourtraire lui-même, dans le* Faiseur d'oreilles. *Dans le* Berceau, *la femme qui tient le berceau ressemble beaucoup à Madame Lalive d'Épinay, et si c'est elle qu'Eisen avait en vue, on peut croire qu'il aura donné à Pinucio les traits de Saint-Lambert. Dans le* Contrat, *on retrouve bien Joseph de la Borde, le banquier de la cour; dans* Alix malade, *le médecin Helvetius; un autre fermier-général, Le Riche de la Popelinière est caricaturé, dans le* Remède *et ailleurs; nous sommes disposés à voir Moncrif dans le* Quiproquo, *le comte de Caylus dans le* Mari confesseur; *dans les* Rémois, *c'est Boucher; dans le* Bât, *c'est Choffard. On devrait encore chercher quelque part Marmontel, l'auteur des* Contes moraux; *Quesnay, l'économiste, le favori de Madame de*

Pompadour; Crébillon fils, le censeur; Geliote, le chan
teur, et bien d'autres. Enfin, les Trois commères présen
tent certainement les physionomies friponnes et lubrique
de trois impures à la mode, peut être trois danseuses d
l'Opéra, les demoiselles Laguerre, Guimard et Duthé.

Les dessins terminés, on s'occupa de les faire graver
pour l'édition qui était alors la grande affaire des Fermiers
généraux et de leurs courtisans ordinaires. Le choix de
graveurs fut laissé probablement à Eisen, qui ne trouv
rien de mieux que les élèves de Le Bas, ses anciens ca
marades d'atelier : Nicolas Lemire, Joseph de Longueil,
J. J. Leveau, J. J. Flipart, Aliamet, Ficquet, de Lafosse
et C. Baquoy. Plusieurs de ces graveurs, notamment
Leveau et Aliamet, ayant gravé des tableaux de Joseph
Vernet, on est fondé à croire que ce peintre de marine,
qui avait à cette époque une imposante réputation, aura
recommandé lui-même ces deux artistes à Eisen, qu'il
voyait sans cesse chez le fermier-général Joseph de Laborde et qu'il employait quelquefois à faire des dessins
d'après ses tableaux et ses croquis. Quoi qu'il en soit,
l'exécution de la gravure pour les Contes, commencée en
1758, fut suspendue ou ralentie en 1760, comme nous
l'avons déjà dit, et ne s'acheva qu'en 1762. On n'a pas
encore songé à relever la liste de ces estampes, avec les
noms d'artistes et les dates qui s'y trouvent, et qui peuvent fournir des indications précieuses pour l'histoire de
cette célèbre édition des Fermiers-généraux. Nous avons
dressé cette liste, sur l'exemplaire même du marquis
de Paulmy, qui, en sa qualité de protecteur de l'Académie de Saint-Luc, devait avoir reçu de l'artiste même,
sinon des Fermiers-généraux, les premières épreuves
des estampes exécutées d'après les dessins qu'on avait
vu figurer avec succès aux expositions de cette Académie.

Le marquis de Paulmy a dicté cette note, que son bibliothécaire Saugrain a écrite sur la marge d'un exemplaire, relié en maroquin rouge par son relieur ordinaire Anguerrand : « *Ce superbe exemplaire des* Contes de La Fontaine, *dont les figures sont gravées d'après Eisen, a l'avantage de rassembler plusieurs morceaux qui ne sont point dans les autres du même ouvrage, ou du moins qui y sont corrigés.* » *Voici maintenant le détail des figures gravées d'après Eisen :*

Tome premier. Portrait de Jean de La Fontaine. *Hyacinthe Rigault pinx. Ficquet sculp.*
I. Joconde. *N. Le Mire f.* 1761.
II. Seconde estampe. *N. Le Mire f.*, 1762.
III. Troisième estampe. *De Longueil s.*, 1762.
IV. Quatrième estampe. *N. Le Mire sculp.*, 1761.
V. Le Cocu battu et content. *De Longueil sc.*
VI. Le Mari confesseur. *De Longueil.*
VII. Le Savetier. Anonyme.
VIII. Le Paysan qui avoit offensé son Seigneur. *P. P. Choffard sculp.*, 1761.
IX. Le Muletier. *De Lafosse sculp.*
X. La Servante justifiée. *N. Le Mire f.*, 1761.
XI. La Gageure des trois commères. *De Longueil.*
XII. Deuxième estampe. Anonyme.
XIII. Troisième estampe. *N. Le Mire f.*, 1762.
XIV. Quatrième estampe. *De Longueil sculp.*
XV. Le Calendrier des vieillards. Anonyme.
XVI. A Femme avare galant escroc. *Le Mire*, 1761.
XVII. On ne s'avise jamais de tout. Anonyme.
XVIII. Le Gascon puni. *Le Mire sculp.*
XIX. La Fiancée du roi de Garbe. *Aliamet fecit.*
XX. Deuxième estampe. *Aliamet.*
XXI. Troisième estampe. Anonyme.
XXII. La Coupe enchantée. *De Lafosse sculp.*
XXIII. Le Faucon. *De Lafosse.*

Pompadour; Crébillon fils, le censeur ; Geliote, le chan teur, et bien d'autres. Enfin, les Trois commères *présen tent certainement les physionomies friponnes et lubrique de trois impures à la mode, peut être trois danseuses d l'Opéra, les demoiselles Laguerre, Guimard et Duthé.*

Les dessins terminés, on s'occupa de les faire gravei pour l'édition qui était alors la grande affaire des Fermiers généraux et de leurs courtisans ordinaires. Le choix de graveurs fut laissé probablement à Eisen, qui ne trouv rien de mieux que les élèves de Le Bas, ses anciens ca marades d'atelier : Nicolas Lemire, Joseph de Longueil, J. J. Leveau, J. J. Flipart, Aliamet, Ficquet, de Lafosse et C. Baquoy. Plusieurs de ces graveurs, notamment Leveau et Aliamet, ayant gravé des tableaux de Joseph Vernet, on est fondé à croire que ce peintre de marine, qui avait à cette époque une imposante réputation, aura recommandé lui-même ces deux artistes à Eisen, qu'il voyait sans cessé chez le fermier-général Joseph de La borde et qu'il employait quelquefois à faire des dessins d'après ses tableaux et ses croquis. Quoi qu'il en soit, l'exécution de la gravure pour les CONTES, *commencée en 1758, fut suspendue ou ralentie en 1760, comme nous l'avons déjà dit, et ne s'acheva qu'en 1762. On n'a pas encore songé à relever la liste de ces estampes, avec les noms d'artistes et les dates qui s'y trouvent, et qui peu vent fournir des indications précieuses pour l'histoire de cette célèbre édition des* Fermiers-généraux. *Nous avons dressé cette liste, sur l'exemplaire même du marquis de Paulmy, qui, en sa qualité de protecteur de l'Aca démie de Saint-Luc, devait avoir reçu de l'artiste même, sinon des Fermiers-généraux, les premières épreuves des estampes exécutées d'après les dessins qu'on avait vu figurer avec succès aux expositions de cette Académie.*

Le marquis de Paulmy a dicté cette note, que son bibliothécaire Saugrain a écrite sur la marge d'un exemplaire, relié en maroquin rouge par son relieur ordinaire Anguerrand : « Ce superbe exemplaire des Contes de La Fontaine, *dont les figures sont gravées d'après Eisen, a l'avantage de rassembler plusieurs morceaux qui ne sont point dans les autres du même ouvrage, ou du moins qui y sont corrigés.* » *Voici maintenant le détail des figures gravées d'après Eisen :*

Tome premier. Portrait de Jean de La Fontaine. *Hyacinthe Rigault pinx. Ficquet sculp.*
I. Joconde. *N. Le Mire f.* 1761.
II. Seconde estampe. *N. Le Mire f.*, 1762.
III. Troisième estampe. *De Longueil s.*, 1762.
IV. Quatrième estampe. *N. Le Mire sculp.*, 1761.
V. Le Cocu battu et content. *De Longueil sc.*
VI. Le Mari confesseur. *De Longueil.*
VII. Le Savetier. Anonyme.
VIII. Le Paysan qui avoit offensé son Seigneur. *P. P. Choffard sculp.*, 1761.
IX. Le Muletier. *De Lafosse sculp.*
X. La Servante justifiée. *N. Le Mire f.*, 1761.
XI. La Gageure des trois commères. *De Longueil.*
XII. Deuxième estampe. Anonyme.
XIII. Troisième estampe. *N. Le Mire f.*, 1762.
XIV. Quatrième estampe. *De Longueil sculp.*
XV. Le Calendrier des vieillards. Anonyme.
XVI. A Femme avare galant escroc. *Le Mire*, 1761.
XVII. On ne s'avise jamais de tout. Anonyme.
XVIII. Le Gascon puni. *Le Mire sculp.*
XIX. La Fiancée du roi de Garbe. *Aliamet fecit.*
XX. Deuxième estampe. *Aliamet.*
XXI. Troisième estampe. Anonyme.
XXII. La Coupe enchantée. *De Lafosse sculp.*
XXIII. Le Faucon. *De Lafosse.*

XXIV. Deuxième estampe. Anonyme.
XXV. Le Petit Chien qui secoue de l'argent. *De Longueil.*
XXVI. Deuxième estampe. *De Longueil s.*, 1761.
XXVII. Le Pâté d'anguille. *N. Le Mire*, 1759.
XXVIII. Le Magnifique. *N. Le Mire*, 1761.
XXIX. La Matrone d'Éphèse. Anonyme.
XXX. Belphégor. Anonyme.
XXXI. La Clochette. Anonyme.
XXXII. Le Glouton. Anonyme.
XXXIII. Les Deux Amis. Anonyme.
XXXIV. Le Juge de Mesle. *J. J. Flipart sc.*
XXXV. Alix malade. *Le Veau f.*
XXXVI. Le Baiser rendu. Anonyme.
XXXVII. Sœur Jeanne. Anonyme.
XXXVIII. Imitation d'Anacréon. Anonyme.
XXXIX. Autre imitation d'Anacréon. *N. Le Mire sculp.*, 1759

Tome II. Portrait de Charles Eisen. *Vispré pinx. E. Ficqu sculp.*, 1761.
I. Les Oies de frère Philippe. Anonyme.
II. Richard Minutolo. *Le Mire sculp.*, 1759.
III. Les Cordeliers de Catalogne. *De Longueil sc.*
IV. Le Berceau. *De Longueil sc.*, 1761 ou 1759.
V. L'Oraison de Saint-Julien. *N. Le Mire f.*, 1762.
VI. Le Villageois qui cherche son veau. *N. Le Mire*, 1761.
VII. L'Anneau d'Hans Carvel. Anonyme.
VIII. L'Hermite. Anonyme.
IX. Mazet de Lamporechio. *N. Le Mire f.* 1759.
X. La Mandragore. *De Longueil.*
XI. Les Rémois. *De Longueil sc.*
XII. La Courtisane amoureuse. *De Longueil*, 1761.
XIII. Nicaise. *N. Le Mire*, 1759.
XIV. Comment l'esprit vient aux filles. *N. Le Mire sculp.*, 1761.
XV. L'Abbesse malade. *De Lafosse, sculp.*
XVI. Les Troqueurs. *Fli[part] sc.*
XVII. Le Cas de conscience. Anonyme.
XVIII. Le Diable de Papefiguière. Anonyme.

XIX. Feronde. *De Longueil sc.*
XX. Le Psautier. *D. L.*
XXI. Le Roi Candaule. *De Longueil sc.*, 1761.
XXII. Deuxième estampe. *De Longueil s.*
XXIII. Le Diable en enfer. *De Longueil sc.*
XXIV. La Jument du compère Pierre. Anonyme.
XXV. Les Lunettes. Anonyme.
XXVI. Le Cuvier. Anonyme.
XXVII. La Chose impossible. *De Longueil sculp.*, 1761.
XXVIII. Le Tableau. *De Longueil s.*
XXIX. Le Bât. Anonyme.
XXX. Le Faiseur d'oreilles. *De Longueil sc.*
XXXI. Le Fleuve Scamandre. Anonyme.
XXXII. La Confidente sans le savoir. *Le Veau s.*
XXXIII. Le Remède. Anonyme.
XXXIV. Les Aveux indiscrets. Anonyme.
XXXV. Le Contrat. *De Longueil sc.*
XXXVI. Les Quiproquo. *N. Le Mire sculp.*, 1761.
XXXVII. La Couturière. *N. Le Mire sc* , 1761.
XXXVIII. Le Gascon. Anonyme.
XXXIX. La Cruche. Anonyme.
XL. Promettre est un et tenir est un autre. Anonyme.
XLI. Le Rossignol. *N. Le Mire sculp.*, 1761.

D'après ce relevé, il y a vingt gravures de Longueil, dix-neuf de Lemire, quatre de Lafosse, deux de Leveau, deux de Flipart, deux d'Aliamet, une de Choffard et une avec les initiales D. L., qui se rapportent au nom de Longueil plutôt qu'à celui de Lafosse. Mais, outre les gravures qui ornent l'exemplaire du marquis de Paulmy et qu'on peut regarder comme ayant été spécialement adoptées par les Fermiers-généraux, il y en eut une dizaine qu'on rejeta pour différents motifs qu'on ne saurait apprécier aujourd'hui avec certitude : les unes paraissent trop libres, les autres trop faibles d'exécution. Ainsi nous avons trouvé, dans un très-bel exemplaire ayant appartenu aussi au marquis de Paulmy, une estampe des Cordeliers de Catalogne, *avec cette inscription* : Eisen inv. C. Baquoy S. *Cette estampe est à tous égards inférieure à celle de Longueil, qui ne doit exister que dans les exemplaires de premier choix.*

M. Henry Cohen, qui a comparé, la loupe à la main, un grand nombre d'exemplaires de l'édition des Fermiers-généraux, nous donne à ce sujet de précieuses indications dans son excellent Guide de l'amateur de livres a vignettes du xviiie siècle *(seconde édition, revue, corrigée et enrichie du double d'articles.* Paris, P. Rouquette, 1873, in-8*); nous ne saurions mieux faire que de les reproduire* in extenso :

« *Six figures, découvertes dans l'origine, ont été couvertes ensuite; ce sont* : le Cas de conscience, le Diable de Papefiguière, les Lunettes, le Bât, le Rossignol, *et enfin* Richard Minutolo, *dont la gravure double, dans l'exemplaire de Labédoyère, vendu à la vente Capé, montrait la robe de la femme un peu relevée. Les deux premières se rencontrent fréquemment, mais les quatre dernières sont extrêmement rares.*

« *Outre ces six figures, découvertes dans l'origine, il paraît que la première du* Roi Candaule *a été modifiée également; et quant au* Remède, *sur de certains exemplaires, les rideaux sont ornés et le parquet terminé, et sur d'autres ils ne le sont pas. Enfin, plusieurs figures ont été gravées deux fois par des artistes différents.*

« *Un assez grand nombre de figures furent rejetées par la société des amateurs, à qui l'on doit cette édition, et remplacées par d'autres : les unes parce qu'elles étaient peut-être un peu libres, telles que* le Tableau *et* la Servante justifiée, *les autres parce qu'elles n'étaient pas assez* bien exécutées. En général, elles sont un peu plus petites que les bonnes. Voici le nom de celles qui sont venues à ma connaissance et que quelques curieux ajoutent à leurs exemplaires.

« Tome Ier. Le Cocu battu et content, le Savetier, la Servante justifiée, la Gageure des trois commères (2e *gravure*), le Calendrier des Vieillards, A femme avare galant escroc, On ne s'avise jamais de tout, le Petit Chien, la Clochette, le Juge de Mesle, Sœur Jeanne.

« Tome II. Les Oies de frère Philippe, l'Oraison de Saint-Julien, le Mandragore, les Rémois, Comment l'esprit vient aux filles, le Tableau, le Contrat, le Rossignol (*autre que la figure citée plus haut*).

« *Il paraîtrait qu'il existe encore* : le Gascon puni, le Pâté d'anguille, le Baiser rendu, le Berceau *et* Mazet. »

Nous n'avons plus malheureusement sous les yeux l'exemplaire unique que Seroux d'Agincourt avait donné à son ami Collot, directeur de la Monnaie, en 1797 : un examen minutieux de cet exemplaire, qui contenait les corrections et les retouches de Seroux d'Agincourt, directeur ou conducteur de l'œuvre, nous permettrait d'ajouter quelques nouveaux renseignements aux curieuses recherches de M. Henry Cohen.

Les délicieuses vignettes de P. P. Choffard, qui portent toutes la date de 1762, ne furent faites sans doute que pendant l'impression du texte, laquelle s'exécutait dans l'imprimerie de Barbou, à Paris, en vertu d'une permission tacite de la police, sous la rubrique d'Amsterdam. Ces vignettes présentent divers détails d'invention qui semblent se rapporter à des faits intimes de la vie des ordonnateurs du livre. Ainsi, la vignette du Cocu battu et content, *est sans doute un portrait sous la figure d'un dieu des jardins; dans la vignette de* Sœur Jeanne, *la figure de femme, à demi voilée par l'eau qui tombe d'une vasque, est surmontée d'une bandelette, sur laquelle on lit encore quelques lettres d'une inscription effacée ; dans la* Fiancée du Roi de Garbe, *deux écussons entourés et couronnés de fleurs portent les initiales enlacées A. M. et L. A.; enfin, la vignette des* Oies de frère Philippe *offre deux portraits de femmes, entre lesquels voltige un oiseau que retient un fil à la patte. Choffard a prodigué des emblèmes et des attributs amoureux qui pourraient bien signifier que l'édition était faite en l'honneur de quelques belles dames et pour éterniser le souvenir d'une liaison galante. Il faut avouer pourtant que ce beau livre n'a pas été destiné à figurer dans une corbeille de mariage.*

On peut assurer que l'influence de Diderot ne fut pas étrangère à l'exécution matérielle et littéraire de l'édition des Fermiers-généraux; *il avait, dans la société de ces financiers, une position exceptionnelle : on le consultait, on l'écoutait comme un oracle ; on le redoutait, on le caressait, on l'adulait comme un satirique dont les boutades étaient des coups de massue ; les bourses s'ouvraient pour lui plus aisément que les cœurs, et si on lui fournissait tout l'argent nécessaire pour publier l'*Encyclopédie, *ce volumineux évangile de la philosophie du XVIII*e *siècle, on évitait de s'exposer à sa critique peu indulgente et à ses dédains superbes. Quelques fermiers-généraux ayant demandé à Fréron une notice pour les* Contes de La Fontaine, *la notice fut grassement payée d'avance; mais Diderot, qui regardait comme un ennemi personnel l'implacable auteur de l'*Année littéraire, *fit comprendre à ses opulents commensaux, que le choix de Fréron pour une édition des* Contes de La Fontaine *soulèverait une tempête dans la littérature. Fréron fut donc remercié et payé derechef pour sa notice, qu'on lui rendit avec toutes sortes* d'excuses polies et flatteuses. On lui dit que les Fermiers généraux renonçaient à publier les Contes dans le même format que les Fables de La Fontaine, et Fréron, croyant que la publication projetée n'aurait pas de suite, s'empressa de donner sa notice à un libraire, qui la fit paraître, en 1757, dans une très-jolie édition imprimée à Paris, en deux volumes, petit in-12, sous la rubrique de Londres. Les Fermiers généraux se trouvèrent ainsi débarrassés de Fréron et de sa notice. Diderot avait promis d'en donner une : il se contenta, le moment venu, d'écrire quatre pages anonymes qui parurent en tête de l'édition des Contes, et qui n'ont pas encore été recueillies dans ses œuvres. C'est un morceau exquis, plein de finesse et d'originalité, et bien supérieur à la notice de Fréron, vingt fois plus longue, mais qui ne fait pas mieux connaître le génie de La Fontaine.

L'impression du texte et des figures une fois achevée, on fit relier les exemplaires, que les Fermiers généraux étaient convenus de se partager entre eux. Il y eut seulement douze exemplaires de premier choix, destinés à des présents de cour : ces exemplaires, dans lesquels toutes les gravures étaient décentes et couvertes, avaient été reliés, par Derome jeune, avec une merveilleuse richesse, en maroquin de couleur, à compartiments en mosaïque de couleurs différentes, accompagnés de dorures représentant des fleurs et des fruits. Un de ces douze exemplaires est décrit dans le Catalogue des livres de Lefébure de Rouen, rédigé par Chardin en 1797 ; cet exemplaire, qui ne fut pourtant vendu que 73 francs, était relié en maroquin rouge, doublé de tabis : « Les épreuves de cet exemplaire, disait le libraire, sont de la plus grande beauté. C'est un des douze qui ont été tirés pour les présents. Il a appartenu au prince de Marsan. » Un autre exemplaire ana-

logue se trouvait dans la vente Trudaine en 1803 : « *Les Fermiers généraux, dit une note du savant libraire Bleuet, avaient fait graver des fers particuliers pour la dorure des exemplaires qui leur étaient personnellement destinés et de ceux qu'ils donnaient en présent. Celui-ci est un de ces derniers : les marges en sont grandes et bien conservées, et les épreuves très-belles. Ces sortes d'exemplaires se rencontrent très-rarement et sont fort recherchés des amateurs.* » *Enfin, le magnifique exemplaire qui avait été acquis à la vente du comte de La Bédoyère, en* 1837, *par l'illustre auteur du* Manuel du libraire, *était aussi un de ces douze exemplaires de présent : il provenait du duc de La Vallière, et il avait été possédé tour à tour par Naigeon et par Firmin Didot. Le savant libraire M. L. Potier, qui rédigea le Catalogue de Jacques-Charles Brunet, a pu dire de cet exemplaire incomparable :* « *C'est le chef-d'œuvre de Derome, et l'on peut aussi peut-être ajouter celui de la reliure du XVIII*e *siècle.* » *Nous trouvons encore dans les anciens catalogues deux exemplaires, avec figures en premières épreuves, et reliure en maroquin rouge, à compartiments et dentelles, doublés de tabis : celui du fermier général Randon de Boisset, annoncé comme* « *exemplaire de choix* » *dans son Catalogue et vendu seulement* 139 *livres* 19 *sous en* 1777, *et celui de Gouttard, en maroquin bleu, doublé de tabis, en* 1780.

Le prospectus de la réimpression des Contes de La Fontaine, *en* 1792, *avec les figures d'Eisen en anciennes épreuves, renferme quelques indications qui, pour n'être pas d'une authenticité irrécusable, méritent cependant d'être conservées, à titre de document presque contemporain. Le libraire Chevalier, qui avait fait cette réimpression et qui la vendait* « *au Vieux-Louvre, porte du Cadran, ci-devant Royale* », *nous apprend que l'édition dite des*

Fermiers-généraux, donnée au public par une société d'amateurs, en 1762, *était alors* « *plus connue à Paris que dans le reste du royaume, parce que, ayant été annoncée comme faite à Amsterdam, sans nom de libraire, la province n'a pas su à qui s'adresser, pour en avoir.* »

« *Cet ouvrage, le plus précieux de son genre, séquestré depuis* 1767 *par des circonstances particulières,* ajoute le libraire-éditeur de 1792, *a été tiré, pour les figures, au nombre de deux mille. Ayant trouvé douze cents de chaque figure de tirés, on a reconnu, par la recherche et vérification des registres et papiers de comptabilité, trouvés dans le marché, lors de l'acquisition, qu'il n'en avait été vendu que huit cents exemplaires, et que les deux mille de figures ont été tirés de suite et employés indistinctement sans choix; ayant trouvé sur les chemises de chaque cent de figures beaucoup plus du premier mille que du deuxième : ce qui satisfera les amateurs, qui pourront se procurer des premières et belles épreuves.* »

M. Henry Cohen, à qui nous devons la connaissance de ce singulier prospectus, nous met en garde contre les assertions du libraire-éditeur Chevalier, qui essayait de faire valoir sa réimpression aux dépens de l'édition de 1762 : « *Il n'en est pas moins vrai,* dit M. Cohen, *que les figures de l'édition de* 1792 *sont généralement plus faibles que celles de* 1762; *et si effectivement, après vérification faite par le libraire Chevalier, il en existait en* 1792 *plus du premier mille que du second, les figures de cette réimpression devraient, au contraire, être meilleures que celles de l'édition première. Il y a ici erreur ou mauvaise foi.* »

Nous ne savons rien du séquestre qui avait empêché, pendant plus de vingt-six ans, l'emploi des épreuves tirées en 1762. Au reste, le libraire Chevalier, en parlant de ces anciennes épreuves, ne nous dit pas qu'il eut trouvé avec elles un seul exemplaire de l'édition de 1762; cette édition était donc absolument épuisée, soit qu'elle ne fut tirée qu'à huit cents exemplaires, comme il le prétend, soit qu'elle eut été tirée à mille, comme la tradition l'avait répété. Il est probable que les épreuves tirées étaient restées, avec les cuivres, chez une personne décédée en 1767 et dont les meubles avaient été mis sous les scellés à cette époque. On peut supposer, aussi, que le libraire Chevalier s'est trompé de date et qu'il aura écrit 1767, au lieu de 1777. Cette dernière date s'expliquerait par des probabilités très-acceptables. C'est en 1777 que Seroux d'Agincourt, le véritable éditeur du livre des Fermiers-généraux, partit pour l'Angleterre, visita ensuite la Belgique, la Hollande et une partie de l'Allemagne, et ne revint à Paris que pour préparer son voyage en Italie et disposer sa fortune conformément à ses plans d'expatriation. Le 24 octobre de l'année suivante, continue son biographe Lasalle, qui est garant de ces dates, il s'éloigna de la capitale et alla se fixer à Rome, où il resta jusqu'à la fin de ses jours (24 septembre 1814). On comprend que pendant sa longue résidence dans la Ville Éternelle, où il travaillait exclusivement à son grand ouvrage, l'HISTOIRE DE L'ART PAR LES MONUMENTS DEPUIS SA DÉCADENCE AU Ve SIÈCLE JUSQU'A SON RENOUVELLEMENT AU XVe SIÈCLE (Paris, 1810-1823, 3 vol. in-folio max., illustrés de 325 planches), on comprend qu'il ne songeait plus aux CONTES DE LA FONTAINE ni à l'édition des Fermiers-généraux.

Cette édition avait eu les honneurs de deux contrefaçons, en 1764 et en 1777; mais elle n'en était que plus rare et plus chère. Le libraire Chevalier, dans sa réimpression de 1792, ajouta quelques estampes dont les éditeurs de 1762 n'avaient pas fait usage et qui n'avaient *jamais servi* : « *Il y a, dit-il dans son prospectus, quatre gravures d'augmentation, dont une dans le* Faucon, *une dans la* Coupe enchantée, *une autre dans la* Mandragore, *et un cul-de-lampe représentant le tombeau de La Fontaine, placé à la fin de sa Vie. Nous ignorons les motifs qui les avaient fait manquer aux exemplaires qui ont été vendus; ayant trouvé les cuivres et les figures de tirés.* » Nous ne pouvons mieux terminer nos Recherches, dont nous regrettons l'insuffisance, que par les observations de M. Henri Cohen relatives à la réimpression de 1792, qu'on ne doit pas confondre avec l'édition originale de 1762, ni avec les contrefaçons de 1764 et de 1777 : « *Pour en finir avec ce qui concerne cette édition, je ferai observer* 1º *qu'il y a des exemplaires de* 1792, *où l'on a placé un titre qui porte la date de* 1762, *mais auxquels il est facile de ne point se laisser tromper, parce que, outre l'aspect général de l'impression, on trouve à la fin de la Vie de La Fontaine le cul-de-lampe représentant son tombeau, qui ne se voit pas dans la véritable édition;* 2º *que les culs-de-lampe existent tirés à part, et que des amateurs les ont quelquefois placés dans leurs exemplaires;* 3º *que des curieux ont ajouté au portrait de La Fontaine qui appartient à l'ouvrage, ce même portrait dans d'autres états, lorsqu'ils ont eu la chance de le rencontrer;* 4º *que le portrait d'Eisen est souvent faible, ayant été gravé sur du cuivre trop mou;* 5º *enfin, que les dessins originaux d'Eisen se trouvent dans un exemplaire, qui a été, il y a quelques années, en la possession de Madame Doche.* »

L'auteur de ces merveilleux dessins, Charles Eisen, qui était, en 1762, *l'artiste favori des Fermiers-généraux, le protégé de Madame de Pompadour et du marquis de Marigny, le client du marquis de Paulmy et du comte de Kaunitz, l'ami de Diderot et de Grimm, de Dorat et de*

Baculard d'Arnaud, vivait honteusement en concubinage avec la veuve d'un valet de chambre, en 1771, dans un misérable logement de la rue Saint-Hyacinthe, à l'entrée de la rue d'Enfer. Six ans plus tard, criblé de dettes, et n'ayant plus que des travaux indignes de lui et mal rétribués, il retourna dans sa ville natale, à Bruxelles, sans y trouver plus de moyens d'existence. C'est là qu'il mourut insolvable, le 4 janvier 1778, dans un chétif garni, chez un quincaillier, qui, en qualité de créancier, s'était emparé des esquisses que contenait le portefeuille du défunt, et qui l'avait fait enterrer joliment, *en se félicitant de l'avoir vu* bien converti pour mourir, *disait-il dans une lettre que Jal a publié dans son* Dictionnaire critique de biographie. *Le pauvre Eisen, à son lit de mort, fit donc amende honorable de ses dessins, comme La Fontaine de ses* Contes.

P. L. Jacob, bibliophile.

AVERTISSEMENT

DU NOUVEL ÉDITEUR

L'édition des *Contes de La Fontaine* dite des Fermiers généraux, 2 vol. in-8°, Amsterdam 1762, contient :

82 planches à part, savoir :

40 planches pour le PREMIER VOLUME, y compris le portrait de La Fontaine ;

42 planches pour le DEUXIÈME, en y comptant le portrait d'Eisen.

Et pour les *culs-de-lampe* et *têtes de page*, 57 en tout, qui se répartissent :

25 pour le premier volume,

32 pour le deuxième.

La réimpression que je présente au public des amateurs contient *toutes* les planches à part, et tous les culs-de-lampe et têtes de page de l'édition princeps.

J'y ai ajouté en outre, *pour les gravures à part*, dans le premier volume, *la Coupe enchantée*, deuxième planche, l'un des sujets refusés par les Fermiers généraux.

Et pour le deuxième volume, la deuxième planche de l'*Oraison de Saint-Julien*, et la première du *Tableau*, également refusées par ces mêmes éditeurs. La planche donnée par les Fermiers généraux dans leur édition se trouve être la seconde dans la présente réimpression.

Pour les têtes de page et culs-de-lampe, outre ceux de l'édition de 1762, j'ai fait dessiner et graver les sujets suivants :

Le FLEURON sur le titre du tome premier ;
La MAISON où est né La Fontaine à Château-Thierry ;
Son TOMBEAU au Père-Lachaise ;
La belle gravure sur acier tirée en tête du conte de JOCONDE ;
Les culs-de-lampe de : A FEMME AVARE GALANT ESCROC, du FAUCON, de BELPHÉGOR, de la SECONDE IMITATION D'ANACRÉON ;
La vignette en tête de la dissertation sur la JOCONDE ;
Et enfin le CUL-DE-LAMPE placé à la fin de la table.

Pour le second volume, la gravure sur acier tirée en tête du conte des OIES DE FRÈRE PHILIPPE, et les culs-de-lampe des CORDELIERS DE CATALOGNE, du BERCEAU, de COMMENT L'ESPRIT VIENT AUX FILLES, du CAS DE CONSCIENCE, des LUNETTES et du CUVIER.

Cette nouvelle édition contient donc 85 planches à part : 41 pour le premier volume et 44 pour le deuxième ;

Et 74 têtes de page et culs-de-lampe : 35 pour le premier volume, 39 pour le deuxième.

Ce qui fait 3 grandes planches à part et 17 vignettes, têtes de page et culs-de-lampe de plus que dans l'édition des Fermiers généraux.   Æ. B.

EXPLICATION ET PLACEMENT

des 85 planches a part

DES CONTES DE LA FONTAINE

TOME PREMIER.

I. — *Portrait de La Fontaine en regard du titre.*

II a V. — *Joconde.*

— 1. Le roi Astolphe se mire environné de sa cour; le frere de Joconde s'incline et lui parle.   1

— 2. Joconde rentre dans l'appartement de sa femme, trouve un valet couché et endormi à côté d'elle; il l'abandonne à son remords.   5

— 3. La reine dans les bras de son nain.   8

— 4. La fille de l'hôtellerie confesse à genoux le mystere; Astolphe et Joconde lui donnent l'anneau et l'argent promis.   20

VI. — *Le Cocu battu et content.*

Est vêtu en femme; il rentre avec précipitation dans sa maison; l'amant le poursuit.   23

VII. — *Le Mari confesseur.*

Est assis dans un confessionnal, et sa femme, qui l'a reconnu, lui explique l'énigme de sa confession.   31

VIII. — *Le Savetier.*

Lève un rideau en s'avançant et prend le billet que sa femme a reçu du marchand ; l'étonnement de celui-ci est marqué par son attitude. 33

IX. — *Le Paysan qui avoit offensé son Seigneur.*

Est à genoux ; il compte les cent écus à son Seigneur ; deux valets sont dans l'enfoncement. 35

X. — *Le Muletier.*

Les muletiers du roi paroissent devant lui, tête nue. 41

XI. — *La Servante justifiée.*

Est à demi renversée sur l'herbe ; son maître, incliné, l'embrasse ; la voisine les regarde par sa fenêtre. 47

XII à XV. — *La Gageure des trois Commeres.*

— 1. Les trois commeres font leur gageure à table. 53

— 2. Et premier tour. Le mari est dans son lit ; sa femme, debout, en écarte avec un dépit simulé la fausse chambriere. 57

— 3. Et second tour. Le mari monte sur le poirier ; à mesure qu'il monte, son valet se déshabille et sa femme s'arrange. 60

— 4. Et troisieme tour. L'amant est aux genoux du mari armé de sabres, hallebarde et bayonnette ; deux femmes et un homme sont dans l'enfoncement. 66

XVI. — *Le Calendrier des Vieillards.*

Le vieillard et sa femme s'entretiennent dans le vaisseau ; le corsaire les observe par une embrasure. 69

XVII. — *A Femme avare galant escroc.*

Le mari, assis devant une table, feuillette un registre ; l'amant est debout à côté de lui ; la femme est derriere. 81

XVIII. — *On ne s'avise jamais de tout.*

Une suivante jette par une fenêtre une corbeille d'ordures sur la dame, qui entre au logis aidée de deux autres femmes, et commande à sa duègne d'aller lui chercher des habits. 85

XIX. — *Le Gascon puni.*

Il est sur son séant dans un lit; une jolie femme en sort à demi-nue, et se jette dans les bras d'une autre femme; un jeune homme éclaire l'intérieur du lit 87

XX a XXII. — *La Fiancée du Roi de Garbe.*

— 1. Hispal nage avec l'infante sur son dos, et gagne le rocher sur lequel il saisit une branche d'arbre. 93

— 2. Hispal et l'infante sont assis au fond d'une grotte; Hispal explique ses désirs à l'infante qui l'écoute incertaine, tremblante et à demi vaincue. 103

— 3. La scène est dans un pavillon. L'infante, échue par le sort au gentilhomme, fait signe à sa suivante de se retirer. 117

XXIII et XXIV. — *La Coupe enchantée.*

— 1. Regnault à table, dans une salle du château, avec nombreuse compagnie, refuse de boire dans la coupe. 127

— 2. Nérie donne à Damon la coupe qui doit lui servir à s'assurer de la fidélité de sa femme; il cherche à boire dedans, mais tout le contenu s'échappe et tombe à terre; on voit en même temps derrière lui un bois de cerf qui semble être placé là pour compléter l'épreuve. 141

(*Cette planche ne fait pas partie de l'édition des Fermiers-Généraux.*)

XXV et XXVI. — *Le Faucon.*

— 1. Frédéric donne un tournois à sa maîtresse. 147

— 2. On voit l'intérieur d'une chaumière. Une vieille est dans l'enfoncement auprès de la cheminée; la maîtresse de Frédéric lui présente une main qu'il arrose de ses pleurs. 157

XXVII et XXVIII. — *Le petit chien qui secoue de l'argent, etc.*

— 1. Argie dans son lit reçoit le pélerin ; une suivante est dans l'enfoncement ; une vieille à terre, près du petit chien, ramasse les pierreries qu'il secoue. 159

— 2. Dans un palais magique, Anselme se prosterne devant la fée Manto métamorphosée en More ; Argie les observe. 175

XXIX. — *Pâté d'anguille.*

Le valet, dégoûté de pâtés d'anguille, se plaint à son maître de n'avoir autre nourriture ; la scène se passe dans la cuisine. 181

XXX. — *Le Magnifique.*

Est assis auprès de la Dame dans un salon orné ; Aldobrandin, dans l'enfoncement, a les yeux sur sa femme. 187

XXXI. — *La Matrone d'Éphèse.*

On voit dans un antre sépulcral la matrone, sa suivante et le soldat ; les deux derniers transportent le corps du mari enveloppé d'un linceul. Une potence est aperçue au dehors. 197

XXXII. — *Belphégor.*

Le manant, que le bourreau tient par les cheveux, fait battre la caisse ; l'esprit immonde sort du corps de la princesse en convulsion. La scène se passe sur une place, en présence du prince. 205

XXXIII. — *La Clochette.*

Le jeune villageois approche pour embrasser la fillette attirée dans un bois. 219

XXXIV. — *Le Glouton.*

Prêt à recevoir un remède, se fait apporter la hure de son esturgeon. 223

XXXV. — *Les Deux Amis.*

Sont sous un berceau de feuillages; la fillette est debout au milieu d'eux. 225

XXXVI. — *Le Juge de Mesle.*

Siège; deux avocats s'approchent et tirent la paille. 227

XXXVII. — *Alix malade.*

Est au lit; un médecin lui tâte le poulx; un autre parle à un laquais auquel Alix fait signe d'aller chercher son confesseur. 229

XXXVIII. — *Le Baiser rendu.*

Le paysan embrasse l'épouse du seigneur; deux laquais suivent la dame et son mari. 231

XXXIX. — *Sœur Jeanne.*

Est en prière, l'abbesse et les nonnes surviennent et se voyent dans l'enfoncement. 233

XL. — *Imitation d'Anacréon.*

Un jeune peintre travaille au portrait d'Iris. 235

XLI. — *Autre imitation d'Anacréon.*

Un homme est assis auprès du feu; l'Amour s'échappe de ses bras après lui avoir décoché une flèche. 237

TOME SECOND.

XLII. — *Portrait d'Eisen en regard du titre.*

XLIII. — *Les Oies de frere Philippe.*

La scène se passe sur l'une des places de Florence; un jeune homme s'échappe des bras d'un vieil hermite pour se jeter dans ceux de deux jeunes beautés. 1

XLIV. — *Richard Minutolo.*

Est assis sur un sopha au fond d'une chambre; Catelle, qui vient d'ouvrir les volets de la croisée, tombe à demi pâmée en reconnoissant son amant. 9

XLV. — *Les Cordeliers de Catalogne.*

La foule est grande à l'entrée du couvent; frere Frapart introduit l'une des payantes; frere Roc est réduit à choisir; une vieille est écartée, une jeune admise. 19

XLVI. — *Le Berceau.*

Collette assise sur la couchette avec sa mere, se chauffe; le berceau de l'enfant est derriere elles; le pere, assis, met ses souliers. 31

XLVII ET XLVIII. — *L'Oraison de Saint-Julien.*

— 1. Renaud d'Ast est dépouillé dans le bois par ses honnêtes compagnons de voyage. 41

— 2. Ils sont assis l'un à côté de l'autre; et la dame, qui ne demande qu'à être convaincue, écoute Renaud d'Ast avec complaisance. 51

(*Cette dernière ne fait pas partie de l'édition des Fermiers-Généraux.*)

XLIX. — *Le Villageois qui cherche son veau.*

Sous l'arbre le plus touffu de la forêt, le jouvenceau s'extasie aux genoux de sa dame; la tête du villageois perce l'épaisseur du feuillage. 57

EXPLICATION DES PLANCHES. XLII

L. — L'Anneau d'Hans Carvel.

Tandis que Carvel ronfle auprès de Babeau, le diable fait comme il est dit. 59

LI. — L'Hermite.

Une mere présente humblement sa fille à l'hermite qui, faisant mine de reculer, la convoite du coin de l'œil. 61

LII. — Mazet de Lamporechio.

Mazet dort dans le jardin; deux religieuses le considèrent à dessein. 71

LIII. — La Mandragore.

Lucrèce est au lit; messer Nice lui présente le prétendu meunier les yeux bandés; Ligurio éclaire l'intérieur du lit. 79

LIV. — Les Rémois.

La scène est dans la chambre du peintre; les deux maris sont dans un cabinet dont la porte est entr'ouverte; le peintre conduit dame Alix à son but, tandis que l'hôtesse va à la cave avec dame Simonette. 93

LV. — La Courtisane amoureuse.

Constance va se placer en travers au pied du lit de Camille. 103

LVI. — Nicaise.

La jeune épousée sort du jardin; Nicaise revient avec son tapis; mais le moment est passé. 117

LVII. — Comment l'esprit vient aux Filles.

Pere Bonaventure jette Lise sur le lit de sa cellule. 129

LVIII. — L'Abbesse malade.

L'abbesse, entourée de ses religieuses et de deux médecins, raisonne avec sœur Agnès sur le remede proposé. 135

LIX. — Les Troqueurs.

Sire Oudinet à table, sous la feuillée d'un cabaret, avec les deux villageois et leurs femmes, dresse le contrat du troc. 139

LX. — *Le cas de conscience.*

Anne, derriere des saules, promene ses regards sur un jeune garçon nu. 147

LXI. — *Le Diable de Papefiguiere.*

Perrette montre au diableteau, qui n'avoit rien vu, la balafre qu'elle lui dit avoir reçue de Phlipot. 155

LXII. — *Féronde, ou le Purgatoire.*

Féronde dans le caveau, est corrigé de sa mécreance à coups de verges. 163

LXIII. — *Le Psautier.*

En plein chapitre, Isabeau avertit l'abbesse que son psautier est un haut-de-chausse. 173

LXIV et LXV. — *Le Roi Candaule et le maître en droit*

— 1. La femme du Roi Candaule au bain. 179

— 2. Le maître en droit poussé en chemise dans son école. 192

LXVI. — *Le Diable en enfer.*

Dans la grotte de son hermitage, frere Rustic éveille Alibec et lui persuade qu'il faut commencer par emprisonner le diable. 195

LXVII. — *La Jument du compere Pierre.*

La scène est dans une étable. Compere Pierre, ses lunettes sur le nez, leve les mains au ciel pour le succès de la métamorphose dont messire Jean s'occupe, et dont Madeleine attend le résultat. 205

LXVIII. — *Les Lunettes.*

Dans le chapitre du couvent, les nonnettes nues entourent la prieure. Les attitudes disent le reste. 213

LXIX. — *Le Cuvier.*

Tandis que le tonnelier racle l'intérieur du cuvier, sa femme et son amant vont renouer leur entretien interrompu. 223

LXX. — *La Chose impossible.*

Satan se présente au galant et à sa belle, et confesse qu'en effet la chose est impossible. 227

LXXI. — *Le Tableau.*

— 1. Dans une cellule jonchée de fleurs, une chaise se rompt sous un lourdaut; l'action des deux nonnes est relative au texte. 231

(*Cette planche est celle qui a été supprimée par les Fermiers-Généraux.*)

— 2. La chaise rompue et nos galans à terre; sœur Claude prend la place de sa compagne, mais Thérese la tire à elle et la menace du poing. 238

LXXII et LXXIII. — *Le Bât.*

Un peintre reçoit de la femme de son confrere un baiser au moment où il lui peint un âne et son bât. 241

LXXIV. — *Le Faiseur d'oreilles* etc.

Guillaume renverse la femme d'André sur un lit; le pauvre André, caché dans un retranchement de l'alcôve, reçoit une juste restitution. 243

LXXV. — *Le Fleuve Scamandre.*

Cimon, caché dans des roseaux, en sort, et surprend sa belle qui prenoit un demi-bain. 253

LXXVI. — *La Confidente sans le sçavoir.*

Une femme laide et vieille querelle un beau garçon debout devant elle. 259

LXXVII. — *Le Remede.*

La gouvernante, une seringue à la main, se dispose à donner le remede; l'amant est en posture. 267

LXXVIII. — *Les Aveux indiscrets.*

On voit courir deux hommes, l'un bâté, l'autre sanglé; le peuple s'assemble à leurs cris. 273

LXXIX. — *Le Contrat.*

Le beau-pere, assis dans son cabinet, présente le contrat à son gendre qui le reçoit. 279

f

LXXX. — *Les Quiproquo.*

Une femme aimable paroît sur les degrés d'une cave; devant elle est son mari, et dans l'enfoncement un jeune homme; l'étonnement des trois personnages décele le quiproquo. 285

LXXXI. — *La Couturiere.*

Une nonne, sur le lit de sa cellule, reçoit entre ses bras son amant déguisé en fille. 297

LXXXII. — *Le Gascon.*

Deux gascons sont à table au dehors d'un cabaret; la servante va chercher du vin, et, tournant la tête, elle exprime du geste le mot du conte. 299

LXXXIII. — *La Cruche.*

Jeanne, renversée sur le gazon auprès de sa cruche et d'une fontaine, accepte la mort que Jean lui propose. 301

LXXXIV. — *Promettre est un,* etc.

Perrette est assise sur le gazon; Jean, content de lui, s'en va. 303

LXXXV. — *Le Rossignol.*

Catherine et Richard sont sur un lit, sans draps ni couverture: la mere observe et gronde entre ses dents; Richard écoute la proposition du pere. 305

EAN DE LA FONTAINE naquit le 8 juillet 1621, à Château-Thierry.

Sa famille y tenoit un rang honnête.

Son éducation fut négligée; mais il avoit reçu le génie, qui répare tout.

Jeune encore, l'ennui du monde le conduisit

dans la retraite. Le goût de l'indépendance l'en tira.

Il avoit atteint l'âge de vingt-deux ans, lorsque quelques sons de la lyre de Malherbe, entendus par hazard, éveillèrent en lui la muse qui sommeilloit.

Bientôt il connut les meilleurs modèles; Phèdre, Virgile, Horace et Térence, parmi les latins; Plutarque, Homère et Platon, parmi les grecs; Rabelais, Marot et d'Urfé, parmi les françois; le Tasse, Arioste et Bocace, parmi les italiens.

Il fut marié, parce qu'on le voulut, à une femme belle, spirituelle et sage, qui le désespéra.

Tout ce qu'il y eut d'hommes distingués dans

les lettres, le recherchèrent et le chérirent. Mais ce furent deux femmes qui l'empêchèrent de sentir l'indigence.

La Fontaine, s'il reste quelque chose de toi, et s'il t'est permis de planer un moment au-dessus des temps : vois les noms de la Sabliere et d'Heruard passer avec le tien aux siècles à venir !

La vie de La Fontaine ne fut, pour ainsi dire, qu'une distraction continuelle. Au milieu de la société, il en étoit absent. Presqu'imbécille pour la foule, l'auteur ingénieux, l'homme aimable ne se laissoit appercevoir que par intervalle et à des amis.

Il eut peu de livres et peu d'amis.

Entre un grand nombre d'ouvrages qu'il a laissés, il n'y a personne qui ne connoisse ses fables et ses contes; et les particularités de sa vie sont écrites en cent endroits.

Il mourut le 16 Mars 1695.

Gardons le silence sur ses derniers instants, et craignons d'irriter ceux qui ne pardonnent point.

Ses concitoyens l'honorent encore aujourd'hui dans sa postérité.

Long-temps après sa mort, les étrangers alloient visiter la chambre qu'il avoit occupée.

Une fois chaque année, j'irai visiter sa tombe.

Ce jour-là, je déchirerai une fable de La Mothe, un conte de Vergier, ou quelques-unes des meilleures pages de Grécourt.

Il fut inhumé dans le cimetière de S. Joseph, à côté de Molière.

Ce lieu sera toujours sacré pour les poëtes et pour les gens de goût.

PRÉFACE DE L'AUTEUR

SUR LE PREMIER TOME DE CES CONTES

J'AVOIS *résolu de ne consentir à l'impression de ces Contes qu'après que j'y pourrois joindre ceux de Bocace qui sont le plus à mon goût; mais quelques personnes m'ont conseillé de donner dès à présent ce qui me reste de ces bagatelles, afin de ne pas laisser refroidir la curiosité de les voir, qui est encore en son premier feu. Je me suis rendu à cet avis sans beaucoup de peine, et j'ai cru pouvoir profiter de l'occasion. Non-seulement cela m'est permis, mais ce seroit vanité à moi de mépriser un tel avantage. Il me suffit de ne pas vouloir qu'on impose en ma faveur à qui que ce soit, et de suivre un chemin contraire à celui de certaines gens qui ne s'acquierent des amis que pour s'acquérir des suffrages par leur moyen; créatures de la Cabale, bien différens de cet Espagnol qui se piquoit d'être fils de ses propres œuvres. Quoique j'aie autant de besoin de ces artifices que pas un autre, je ne sçaurois me résoudre à les employer : seulement je m'accommoderai, s'il m'est possible, au goût de mon siecle, instruit que je suis par ma propre expérience qu'il n'y a rien de plus nécessaire. En effet, on ne peut pas dire que toutes saisons soient favorables pour toutes sortes de livres. Nous avons vu les Rondeaux, les Métamorphoses, les Bouts-rimés, régner tour à tour. Maintenant ces galanteries sont hors de mode, et personne ne s'en soucie : tant il est certain que ce qui plaît en un temps peut ne pas plaire en un autre! Il n'appartient qu'aux ouvrages vraiment solides, et d'une souveraine beauté, d'être bien reçus de tous les esprits et dans tous les siécles, sans avoir d'autre passeport que le seul mérite dont ils sont pleins. Comme les miens sont fort éloignés d'un si haut degré de perfection, la prudence veut que je les garde en mon cabinet, à moins que de bien prendre mon temps pour les en tirer. C'est ce que j'ai fait ou que j'ai cru faire dans cette édition, où je n'ai ajouté de nouveaux Contes que parce qu'il m'a semblé qu'on étoit en train d'y prendre plaisir. Il y en a que j'ai étendus, et d'autres que j'ai accourcis, seulement pour me diversifier et me rendre moins ennuieux. Mais je m'amuse à des choses auxquelles on ne prendra peut-être pas garde, tandis que j'ai lieu d'appréhender des objections bien plus importantes. On m'en peut faire deux principales : l'une, que ce livre est licencieux ; l'autre, qu'il n'épargne pas assez le beau sexe. Quant à la premiere, je dis hardiment que la nature du Conte le vouloit ainsi; étant une loi indispensable, selon Horace, ou plutôt selon la raison et le sens commun, de se conformer aux choses dont on écrit. Or, qu'il ne m'ait été permis* d'écrire de celles-ci, comme tant d'autres l'ont fait et avec succès, je ne crois pas qu'on le mette en doute; et l'on ne me sçauroit condamner, que l'on ne condamne aussi l'Arioste devant moi, et les anciens devant l'Arioste. On me dira que j'eusse mieux fait de supprimer quelques circonstances, ou tout au moins de les déguiser. Il n'y avoit rien de plus facile; mais cela auroit affoibli le Conte, et lui auroit ôté de sa grace. Tant de circonspection n'est nécessaire que dans les ouvrages qui promettent beaucoup de retenue dès l'abord, ou par leur sujet, ou par la maniere dont on les traite. Je confesse qu'il faut garder en cela des bornes, et que les plus étroites sont les meilleures : aussi faut-il m'avouer que trop de scrupule gâteroit tout. Qui voudroit réduire Bocace à la même pudeur que Virgile ne feroit assurément rien qui vaille, et pécheroit contre les loix et la bienséance, en prenant à tâche de les observer : car, afin que l'on ne s'y trompe pas, en matiere de vers et de prose, l'extrême pudeur et la bienséance sont deux choses bien différentes. Cicéron fait consister la derniere à dire ce qu'il est à propos qu'on dise, eu égard au lieu, au temps *et aux personnes qu'on entretient. Ce principe une fois posé, ce n'est pas une faute de jugement que d'entretenir les gens d'aujourd'hui de Contes un peu libres. Je ne péche pas non plus en cela contre la Morale. S'il y a quelque chose dans nos écrits qui puisse faire impression sur les ames, ce n'est nullement la gaieté de ces Contes ; elle passe légerement : je craindrois plutôt une douce mélancolie, où les Romans les plus chastes et les plus modestes sont très-capables de nous plonger, et qui est une grande préparation pour l'amour. Quant à la seconde objection, par laquelle on me reproche que ce livre fait tort aux femmes, on auroit raison si je parlois sérieusement; mais qui ne voit que ceci est jeu, et par conséquent ne peut porter coup? Il ne faut pas avoir peur que les mariages en soient à l'avenir moins fréquens, et les maris plus fort sur leurs gardes. On me peut encore objecter que ces Contes ne sont pas fondés, ou qu'ils ont par-tout un fondement aisé à détruire; enfin qu'il y a des absurdités, et pas la moindre teinture de vrai-semblance. Je répond en peu de mots que j'ai mes garans; et puis ce n'est ni le vrai ni le vrai-semblable qui font la beauté et la grace de ces choses-ci : c'est seulement la maniere de les conter. Voilà les principaux points sur quoi j'ai cru être obligé de me défendre. J'abandonne le reste aux censeurs; aussi-bien seroit-ce une entreprise infinie que de prétendre répondre à tout. Jamais la critique ne demeure court, ni ne manque de sujets de s'exercer : quand ceux que je puis prévoir lui seroient ôtés, elle en auroit bientôt trouvé d'autres.*

JOCONDE

NOUVELLE TIRÉE DE L'ARIOSTE

Jadis régnoit en Lombardie
Un prince aussi beau que le jour,
Et tel que, des beautés qui régnoient à sa cour,
La moitié lui portoit envie,
L'autre moitié brûloit pour lui d'amour.
Un jour, en se mirant : Je fais, dit-il, gageure
　　Qu'il n'est mortel dans la nature
　　Qui me soit égal en appas;
Et gage, si l'on veut, la meilleure province

Une heure après eût rendu l'ame;
Moi qui sçais ce que c'est que l'esprit d'une femme,
Je m'en serois à bon droit défié.
Joconde partit donc; mais, ayant oublié
    Le brasselet et la peinture,
    Par je ne sçais quelle aventure,
    Le matin même il s'en souvient;
  Au grand galop sur ses pas il revient,
Ne sçachant quelle excuse il feroit à sa femme.
Sans rencontrer personne, et sans être entendu,
Il monte dans sa chambre, et voit près de la dame
Un lourdaut de valet sur son sein étendu.
  Tous deux dormoient. Dans cet abord, Joconde
Voulut les envoyer dormir en l'autre monde;
    Mais cependant il n'en fit rien,
    Et mon avis est qu'il fit bien.
    Le moins de bruit que l'on peut faire
      En telle affaire
    Est le plus sûr de la moitié.
    Soit par prudence, ou par pitié,
    Le Romain ne tua personne.
D'éveiller ces amants, il ne le falloit pas;
  Car son honneur l'obligeoit, en ce cas,
    De leur donner le trépas.
  Vis, méchante, dit-il tout bas;

A ton remords je t'abandonne.
Joconde là-dessus se remet en chemin,
Rêvant à son malheur tout le long du voyage.
Bien souvent il s'écrie au fort de son chagrin :
    Encor si c'étoit un blondin,
Je me consolerois d'un si sensible outrage;
    Mais un gros lourdaut de valet!
    C'est à quoi j'ai plus de regret;
    Plus j'y pense, et plus j'en enrage.
Ou l'amour est aveugle, ou bien il n'est pas sage,
    D'avoir assemblé ces amants.
    Ce sont, hélas! ses divertissements;
    Et possible est-ce par gageure
    Qu'il a causé cette aventure.
Le souvenir fâcheux d'un si perfide tour
    Altéroit fort la beauté de Joconde :
Ce n'étoit plus ce miracle d'amour
    Qui devoit charmer tout le monde.
Les dames, le voyant arriver à la cour,
    Dirent d'abord : Est-ce là ce Narcisse
    Qui prétendoit tous nos cœurs enchaîner?
    Quoi! le pauvre homme a la jaunisse!
    Ce n'est pas pour nous la donner.
    A quel propos nous amener
    Un galant qui vient de jeûner

La quarantaine?
On se fût bien passé de prendre tant de peine.
Astolphe étoit ravi; le frere étoit confus,
    Et ne sçavoit que penser là-dessus :
Car Joconde cachoit avec un soin extrême
    La cause de son ennui.
    On remarquoit pourtant en lui,
Malgré ses yeux cavés et son visage blême,
   De fort beaux traits, mais qui ne plaisoient point,
    Faute d'éclat et d'embonpoint.
Amour en eut pitié; d'ailleurs cette tristesse
Faisoit perdre à ce Dieu trop d'encens et de vœux :
L'un des plus grands suppôts de l'empire amoureux
Consumoit en regrets la fleur de sa jeunesse.
Le Romain se vit donc à la fin soulagé
Par le même pouvoir qui l'avoit affligé.
Car un jour, étant seul en une galerie,
    Lieu solitaire et tenu fort secret,
    Il entendit en certain cabinet,
Dont la cloison n'étoit que de menuiserie,
    Le propre discours que voici :
    Mon cher Curtade, mon souci,
J'ai beau t'aimer, tu n'es pour moi que glace :
    Je ne vois pourtant, Dieu merci,
    Pas une beauté qui m'efface.

Cent conquérants voudroient avoir ta place,
Et tu sembles la mépriser;
Aimant beaucoup mieux t'amuser
A jouer avec quelque page
Au lansquenet
Que me venir trouver seule en ce cabinet.
Dorimene tantôt t'en a fait le message;
Tu t'es mis contre elle à jurer,
A la maudire, à murmurer,
Et n'as quitté le jeu que ta main étant faite,
Sans te mettre en souci de ce que je souhaite.
Qui fut bien étonné? ce fut notre Romain.
Je donnerois jusqu'à demain
Pour deviner qui tenoit ce langage,
Et quel étoit le personnage
Qui gardoit tant son quant-à-moi.
Ce bel Adon étoit le nain du roi,
Et son amante étoit la reine.
Le Romain, sans beaucoup de peine,
Les vit en approchant les yeux
Des fentes que le bois laissoit en divers lieux.
Ces amants se fioient au soin de Dorimene :
Seule elle avoit toujours la clef de ce lieu-là;
Mais la laissant tomber, Joconde la trouva;
Puis s'en servit, puis en tira

Consolation non petite,
Car voici comme il raisonna :
Je ne suis pas le seul, et, puisque même on quitte
Un prince si charmant pour un nain contrefait,
Il ne faut pas que je m'irrite
D'être quitté pour un valet.
Ce penser le console : il reprend tous ses charmes,
Il devient plus beau que jamais ;
Telle pour lui verse des larmes,
Qui se moquoit de ses attraits.
C'est à qui l'aimera, la plus prude s'en pique ;
Astolphe y perd mainte pratique :
Cela n'en fut que mieux, il en avoit assez.
Retournons aux amants que nous avons laissés.
Après avoir tout vû, le Romain se retire,
Bien empêché de ce secret.
Il ne faut à la cour ni trop voir ni trop dire ;
Et peu se sont vantés du don qu'on leur a fait
Pour une semblable nouvelle.
Mais quoi? Joconde aimoit avecque trop de zèle
Un prince libéral, qui le favorisoit,
Pour ne pas l'avertir du tort qu'on lui faisoit.
Or, comme avec les rois il faut plus de mystere
Qu'avecque d'autres gens sans doute il n'en faudroit,
Et que de but en blanc leur parler d'une affaire

Dont le discours leur doit déplaire,
Ce seroit être mal adroit ;
Pour adoucir la chose, il fallut que Joconde,
Depuis l'origine du monde,
Fît un dénombrement des rois et des césars,
Qui sujets, comme nous, à ces communs hazards,
Malgré les soins dont leur grandeur se pique,
Avoient vû leur femme tomber
En telle ou semblable pratique,
Et l'avoient vû sans succomber
A la douleur, sans se mettre en colere,
Et sans en faire pire chere :
Moi qui vous parle, Sire, ajouta le Romain,
Le jour que pour vous voir je me mis en chemin,
Je fus forcé par mon destin
De reconnoître Cocuage
Pour un des Dieux du mariage,
Et comme tel de lui sacrifier.
Là-dessus il conta, sans en rien oublier,
Toute sa déconvenue ;
Puis vint à celle du roi.
Je vous tiens, dit Astolphe, homme digne de foi ;
Mais la chose, pour être crûe,
Mérite bien d'être vûe :
Menez-moi donc sur les lieux.

Cela fut fait, et de ses propres yeux
      Astolphe vit des merveilles,
Comme il en entendit de ses propres oreilles.
L'énormité du fait le rendit si confus
Que d'abord tous ses sens demeurerent perclus.
Il fut comme accablé de ce cruel outrage;
Mais bien-tôt il le prit en homme de courage,
    En galant homme, et, pour le faire court,
    En véritable homme de cour.
Nos femmes, se dit-il, nous en ont donné d'une,
    Nous voici lâchement trahis :
    Vengeons-nous-en, et courons le pays;
    Cherchons par tout notre fortune.
    Pour réussir dans ce dessein,
Nous changerons nos noms, je laisserai mon train,
    Je me dirai votre cousin,
Et vous ne me rendrez aucune déférence :
Nous en ferons l'amour avec plus d'assûrance,
    Plus de plaisir, plus de commodité,
Que si j'étois suivi, selon ma qualité.
Joconde approuva fort le dessein du voyage.
    Il nous faut dans notre équipage,
Continua le prince, avoir un livre blanc,
    Pour mettre les noms de celles
    Qui ne seront pas rebelles,

Chacune selon son rang.
Je consens de perdre la vie
Si, devant que sortir des confins d'Italie,
Tout notre livre ne s'emplit,
Et si la plus sévère à nos vœux ne se range.
Nous sommes beaux, nous avons de l'esprit,
Avec cela bonnes lettres de change :
Il faudroit être bien étrange
Pour résister à tant d'appas,
Et ne pas tomber dans les lacs
De gens qui sèmeront l'argent et la fleurette,
Et dont la personne est bien faite.
Leur bagage étant prêt, et le livre sur tout,
Nos galants se mettent en voye.
Je ne viendrois jamais à bout
De nombrer les faveurs que l'amour leur envoye :
Nouveaux objets, nouvelle proye.
Heureuses les beautés qui s'offrent à leurs yeux !
Et plus heureuse encor celle qui peut leur plaire.
Il n'est en la plûpart des lieux
Femme d'échevin, ni de maire,
De podestat, de gouverneur,
Qui ne tienne à fort grand honneur
D'avoir en leur régistre place.
Les cœurs que l'on croyoit de glace

JOCONDE.

Se fondent tous à leur abord.
J'entends déjà maint esprit fort
M'objecter que la vraisemblance
N'est pas en ceci tout à fait :
Car, dira-t-on, quelque parfait
Que puisse être un galant dedans cette science,
Encor faut-il du temps pour mettre un cœur à bien.
　　　S'il en faut, je n'en sçais rien;
Ce n'est pas mon métier de cajoler personne;
　　Je le rends comme on me le donne,
　　Et l'Arioste ne ment pas.
　　Si l'on vouloit à chaque pas
　　Arrêter un conteur d'histoire,
On n'auroit jamais fait; suffit qu'en pareil cas
On promets à ces gens quelque jour de les croire.
Quand nos aventuriers eurent goûté de tout,
　De tout un peu, c'est comme il faut l'entendre :
Nous mettrons, dit Astolphe, autant de cœurs à bout
　　Que nous voudrons en entreprendre;
　　Mais je tiens qu'il vaut mieux attendre.
Arrêtons-nous pour un temps quelque part,
　　Et cela plutôt que plus tard :
　　Car en amour, comme à la table,
　　Si l'on en croit la Faculté,
Diversité de mets peut nuire à la santé.

Le trop d'affaires nous accable :
Ayons quelque objet en commun ;
Pour tous les deux c'est assez d'un.
J'y consens, dit Joconde, et je sçais une dame
Près de qui nous aurons toute commodité.
Elle a beaucoup d'esprit, elle est belle, elle est femme
D'un des premiers de la cité.
Rien moins, reprit le roi ; laissons la qualité :
Sous les cotillons des grisettes
Peut loger autant de beauté
Que sous les jupes des coquettes.
D'ailleurs il n'y faut point faire tant de façon :
Etre en continuel soupçon,
Dépendre d'une humeur fiere, brusque, ou volage,
Chez les dames de haut parage
Ces choses sont à craindre, et bien d'autres encor.
Une grisette est un trésor :
Car sans se donner de la peine,
Et sans qu'aux bals on la promène,
On en vient aisément à bout ;
On lui dit ce qu'on veut, bien souvent rien du tout.
Le point est d'en trouver une qui soit fidelle :
Choisissons-la toute nouvelle,
Qui ne connoisse encor ni le mal ni le bien.
Prenons, dit le Romain, la fille de notre hôte ;

Je la tiens pucelle sans faute,
Et si pucelle qu'il n'est rien
De plus puceau que cette belle :
Sa poupée en sçait autant qu'elle.
J'y songeois, dit le roi, parlons-lui dès ce soir.
Il ne s'agit que de sçavoir
Qui de nous doit donner à cette jouvencelle,
Si son cœur se rend à nos vœux,
La premiere leçon du plaisir amoureux.
Je sçais que cet honneur est pure fantaisie :
Toutefois, étant roi, l'on me le doit céder;
Du reste il est aisé de s'en accommoder.
Si c'étoit, dit Joconde, une cérémonie,
Vous auriez droit de prétendre le pas;
Mais il s'agit d'un autre cas.
Tirons au sort, c'est la justice :
Deux pailles en feront l'office.
De la chappe à l'évêque, hélas! ils se battoient,
Les bonnes gens qu'ils étoient.
Quoi qu'il en soit, Joconde eut l'avantage
Du prétendu pucelage.
La belle étant venue en leur chambre le soir,
Pour quelque petite affaire,
Nos deux aventuriers près d'eux la firent seoir,
Louerent sa beauté, tâchèrent de lui plaire,

Firent briller une bague à ses yeux.
A cet objet si précieux,
Son cœur fit peu de résistance.
Le marché se conclud, et dès la même nuit,
Toute l'hôtellerie étant dans le silence,
Elle les vient trouver sans bruit.
Au milieu d'eux ils lui font prendre place,
Tant qu'enfin la chose se passe
Au grand plaisir des trois, et sur tout du Romain,
Qui crut avoir rompu la glace.
Je lui pardonne, et c'est en vain
Que de ce point on s'embarasse :
Car il n'est si sotte, après tout,
Qui ne puisse venir à bout
De tromper à ce jeu le plus sage du monde.
Salomon, qui grand clerc étoit,
Le reconnoît en quelque endroit
Dont il ne souvint pas au bon homme Joconde.
Il se tint content pour le coup,
Crut qu'Astolphe y perdoit beaucoup.
Tout alla bien, et maître Pucelage
Joua des mieux son personnage.
Un jeune gars pourtant en avoit essayé :
Le temps, à cela près, fut fort bien employé,
Et si bien que la fille en demeura contente.

Le lendemain elle le fut encor,
  Et même encor la nuit suivante.
  Le jeune gars s'étonna fort
Du refroidissement qu'il remarquoit en elle :
Il se douta du fait, la guetta, la surprit,
  Et lui fit grosse querelle.
Afin de l'appaiser, la belle lui promit,
Foi de fille de bien, que, sans aucune faute,
Leurs hôtes éloignés, elle lui donneroit
Autant de rendez-vous qu'il en demanderoit.
Je n'ai souci, dit-il, ni d'hôtesse ni d'hôte :
Je veux cette nuit même, ou bien je dirai tout.
  Comment en viendrons-nous à bout ?
  Dit la fille fort affligée.
De les aller trouver je me suis engagée ;
  Si j'y manque, adieu l'anneau,
  Que j'ai gagné bien et beau.
  Faisons que l'anneau vous demeure,
  Reprit le garçon tout à l'heure :
Dites-moi seulement, dorment-ils fort tous deux ?
  Oui, reprit-elle ; mais entr'eux
Il faut que toute nuit je demeure couchée ;
Et tandis que je suis avec l'un empêchée,
L'autre attend sans mot dire, et s'endort bien souvent,
  Tant que le siége soit vacant :

C'est-là leur mot. Le gars dit à l'instant :
Je vous irai trouver pendant leur premier somme.
 Elle reprit : Ah ! gardez-vous-en bien ;
  Vous seriez un mauvais homme.
  Non, non, dit-il, ne craignez rien,
  Et laissez ouverte la porte.
  La porte ouverte elle laissa :
  Le galant vint et s'approcha
  Des pieds du lit ; puis fit en sorte
  Qu'entre les draps il se glissa ;
  Et Dieu sçait comme il se plaça ;
  Et comme enfin tout se passa ;
  Et de ceci ni de cela
  Ne se douta le moins du monde
  Ni le roi lombard, ni Joconde.
  Chacun d'eux pourtant s'éveilla,
  Bien étonné de telle aubade.
  Le roi lombard dit à part soi :
  Qu'a donc mangé mon camarade ?
  Il en prend trop, et, sur ma foi,
  C'est bien fait s'il devient malade.
 Autant en dit de sa part le Romain ;
 Et le garçon, ayant repris haleine,
S'en donna pour le jour, et pour le lendemain,
  Enfin pour toute la semaine ;

Puis, les voyant tous deux rendormis à la fin,
  Il s'en alla de grand matin,
  Toûjours par le même chemin;
  Et fut suivi de la donzelle,
  Qui craignoit fatigue nouvelle.
 Eux éveillés, le roi dit au Romain :
  Frere, dormez jusqu'à demain;
  Vous en devez avoir envie,
Et n'avez à présent besoin que de repos.
Comment? dit le Romain : mais vous-même, à propos,
Vous avez fait tantôt une terrible vie.
 Moi? dit le roi, j'ai toujours attendu;
 Et puis, voyant que c'étoit temps perdu,
  Que sans pitié ni conscience
Vous vouliez jusqu'au bout tourmenter ce tendron,
  Sans en avoir d'autre raison
  Que d'éprouver ma patience,
Je me suis, malgré moi, jusqu'au jour rendormi;
  Que s'il vous eût plû, notre ami,
 J'aurois couru volontiers quelque poste :
 C'eût été tout, n'ayant pas la riposte
  Ainsi que vous; qu'y feroit-on?
  Pour Dieu, reprit son compagnon,
Cessez de vous railler, et changeons de matiere;
Je suis votre vassal, vous l'avez bien fait voir.

C'est assez que tantôt il vous ait plû d'avoir
   La fillette toute entiere :
 Disposez-en, ainsi qu'il vous plaira;
Nous verrons si ce feu toûjours vous durera.
Il pourra, dit le roi, durer toute ma vie,
Si j'ai beaucoup de nuits telles que celle-ci.
Sire, dit le Romain, trève de raillerie :
Donnez-moi mon congé, puisqu'il vous plaît ainsi.
Astolphe se piqua de cette repartie;
Et leurs propos s'alloient de plus en plus aigrir,
   Si le roi n'eût fait venir
   Tout incontinent la belle.
   Ils lui dirent : Jugez-nous,
   En lui contant leur querelle.
 Elle rougit, et se mit à genoux,
  Leur confessa tout le mystere.
  Loin de lui faire pire chere,
Ils en rirent tous deux; l'anneau lui fut donné,
   Et maint bel écu couronné,
Dont peu de temps après on la vit mariée,
  Et pour pucelle employée.
 Ce fut par-là que nos aventuriers
   Mirent fin à leurs aventures,
  Se voyant chargés de lauriers
Qui les rendront fameux chez les races futures :

Lauriers d'autant plus beaux qu'il ne leur en coûta
　　Qu'un peu d'adresse, et quelques feintes larmes;
Et que, loin des dangers et du bruit des allarmes,
　　L'un et l'autre les remporta.
Tout fiers d'avoir conquis les cœurs de tant de belles,
　　Et leur livre étant plus que plein,
　　Le roi lombard dit au Romain :
Retournons au logis par le plus court chemin.
　　Si nos femmes sont infidelles,
Consolons-nous : bien d'autres le sont qu'elles.
La constellation changera quelque jour.
　　Un temps viendra que le flambeau d'Amour
Ne brûlera les cœurs que de pudiques flâmes :
A présent on diroit que quelque astre malin
Prend plaisir aux bons tours des maris et des femmes.
　　D'ailleurs, tout l'univers est plein
De maudits enchanteurs, qui des corps et des ames
Font tout ce qu'il leur plaît : sçavons-nous si ces gens,
　　Comme ils sont traîtres et méchans,
Et toûjours ennemis, soit de l'un, soit de l'autre,
N'ont point ensorcelé mon épouse et la vôtre?
　　Et si, par quelque étrange cas,
Nous n'avons point crû voir chose qui n'étoit pas?
Ainsi que bons bourgeois achevons notre vie,
Chacun près de sa femme, et demeurons-en là.

Peut-être que l'absence, ou bien la jalousie,
Nous ont rendu leurs cœurs, que l'hymen nous ôta.
Astolphe rencontra dans cette prophétie.
Nos deux aventuriers, au logis retournés,
Furent très-bien reçûs, pourtant un peu grondés;
      Mais seulement par bienséance.
L'un et l'autre se vit de baisers régalé :
On se récompensa des pertes de l'absence.
      Il fut dansé, sauté, balé;
      Et du nain nullement parlé,
      Ni du valet, comme je pense.
Chaque époux, s'attachant auprès de sa moitié,
Vécut en grand soulas, en paix, en amitié,
      Le plus heureux, le plus content du monde.
La reine à son devoir ne manqua d'un seul point;
      Autant en fit la femme de Joconde :
      Autant en font d'autres qu'on ne sçait point.

LE COCU BATU ET CONTENT.

NOUVELLE TIRÉE DE BOCACE

N'A pas long-temps, de Rome revenoit
Certain cadet qui n'y profita guere,
Et volontiers en chemin séjournoit,
Quand par hazard le galant rencontroit
Bon vin, bon gîte, et belle chambriere.
Avint qu'un jour, en un bourg arrêté,
Il vit passer une dame jolie,
Leste, pimpante, et d'un page suivie ;
Et la voyant il en fut enchanté,
La convoita, comme bien sçavoit faire.
Prou de pardons il avoit rapporté,
De vertu peu : chose assez ordinaire.
La dame étoit de gracieux maintien,
De doux regard, jeune, fringante et belle ;
Somme qu'enfin il ne lui manquoit rien,
Fors que d'avoir un ami digne d'elle.
Tant se la mit le drôle en la cervelle
Que dans sa peau peu ni point ne duroit ;
Et s'informant comment on l'appelloit :

C'est, lui dit-on, la dame du village.
Messire Bon l'a prise en mariage,
Quoiqu'il n'ait plus que quatre cheveux gris;
Mais comme il est des premiers du pays,
Son bien supplée au défaut de son âge.
Notre cadet tout ce détail apprit,
Dont il conçut espérance certaine.
Voici comment le pélerin s'y prit.
Il renvoya dans la ville prochaine
Tous ses valets; puis s'en fut au château,
Dit qu'il étoit un jeune jouvenceau
Qui cherchoit maître, et qui sçavoit tout faire.
Messire Bon, fort content de l'affaire,
Pour fauconnier le loua bien et beau,
Non toutefois sans l'avis de sa femme.
Le fauconnier plut très-fort à la dame;
Et n'étant homme en tel pourchas nouveau,
Gueres ne mit à déclarer sa flâme.
Ce fut beaucoup : car le vieillard étoit
Fou de sa femme, et fort peu la quittoit,
Sinon les jours qu'il alloit à la chasse.
Son fauconnier, qui pour lors le suivoit,
Eût demeuré volontiers en sa place.
La jeune dame en étoit bien d'accord;
Ils n'attendoient que le temps de mieux faire.

Quand je dirai qu'il leur en tardoit fort,
Nul n'osera soutenir le contraire.
Amour enfin, qui prit à cœur l'affaire,
Leur inspira la ruse que voici.
La dame dit un soir à son mari :
Qui croyez-vous le plus rempli de zèle
De tous vos gens? Ce propos entendu,
Messire Bon lui dit : J'ai toûjours crû
Le fauconnier garçon sage et fidele,
Et c'est à lui que plus je me fierois.
Vous auriez tort, repartit cette belle,
C'est un méchant : il me tint l'autre fois
Propos d'amour, dont je fus si surprise
Que je pensai tomber tout de mon haut :
Car qui croiroit une telle entreprise?
Dedans l'esprit il me vint aussi-tôt
De l'étrangler, de lui manger la vûe;
Il tint à peu : je n'en fus retenue
Que pour n'oser un tel cas publier;
Même, à dessein qu'il ne le pût nier,
Je fis semblant d'y vouloir condescendre,
Et cette nuit sous un certain poirier
Dans le jardin je lui dis de m'attendre.
Mon mari, dis-je, est toûjours avec moi,
Plus par amour que doutant de ma foi;

Je ne me puis dépêtrer de cet homme,
Sinon la nuit, pendant son premier somme :
D'auprès de lui tâchant de me lever,
Dans le jardin je vous irai trouver.
Voilà l'état où j'ai laissé l'affaire.
Messire Bon se mit fort en colere.
Sa femme dit : Mon mari, mon époux,
Jusqu'à tantôt cachez votre courroux ;
Dans le jardin attrapez-le vous-même :
Vous le pourrez trouver fort aisément :
Le poirier est à main gauche en entrant.
Mais il vous faut user de stratagême :
Prenez ma juppe, et contrefaites-vous;
Vous entendrez son insolence extrême.
Lors d'un bâton donnez-lui tant de coups
Que le galant demeure sur la place.
Je suis d'avis que le fripponneau fasse
Tel compliment à des femmes d'honneur.
L'époux retint cette leçon par cœur :
Onc il ne fut une plus forte dupe
Que ce vieillard, bon homme au demeurant.
Le temps venu d'attraper le galant,
Messire Bon se couvrit d'une juppe,
S'encornetta, courut incontinent
Dans le jardin, où ne trouva personne.

BATU ET CONTENT.

Garde n'avoit : car, tandis qu'il frissonne,
Claque des dents, et meurt quasi de froid,
Le pélerin, qui le tout observoit,
Va voir la dame, avec elle se donne
Tout le bon temps qu'on a, comme je croi,
Lorsqu'Amour seul étant de la partie,
Entre deux draps on tient femme jolie,
Femme jolie et qui n'est point à soi.
Quand le galant un assez bon espace
Avec la dame eut été dans ce lieu,
Force lui fut d'abandonner la place ;
Ce ne fut pas sans le vin de l'adieu.
Dans le jardin il court en diligence.
Messire Bon, rempli d'impatience,
A tous momens sa paresse maudit.
Le pélerin, d'aussi loin qu'il le vit,
Feignit de croire appercevoir la dame,
Et lui cria : Quoi donc! méchante femme,
A ton mari tu brassois un tel tour!
Est-ce le fruit de son parfait amour?
Dieu soit témoin que pour toi j'en ai honte,
Et de venir ne tenois quasi compte,
Ne te croyant le cœur si perverti
Que de vouloir tromper un tel mari.
Or bien, je vois qu'il te faut un ami :

Trouvé ne l'as en moi, je t'en assure.
Si j'ai tiré ce rendez-vous de toi,
C'est seulement pour éprouver ta foi;
Et ne t'attens de m'induire à luxure.
Grand pécheur suis; mais j'ai là, Dieu merci,
De ton honneur encor quelque souci.
A Monseigneur ferois-je un tel outrage?
Pour toi, tu viens avec un front de page;
Mais, foi de Dieu, ce bras te châtiera,
Et Monseigneur puis après le sçaura.
Pendant ces mots, l'époux pleuroit de joie,
Et tout ravi disoit entre ses dents :
Loué soit Dieu, dont la bonté m'envoie
Femme et valet si chastes, si prudens.
Ce ne fut tout : car à grands coups de gaule
Le pélerin vous lui froisse une épaule,
De horions laidement l'accoûtra,
Jusqu'au logis ainsi le convoya.
Messire Bon eût voulu que le zèle
De son valet n'eût été jusque-là;
Mais, le voyant si sage et si fidele,
Le bon hommeau des coups se consola.
Dedans le lit sa femme il retrouva,
Lui conta tout, en lui disant : Mamie,
Quand nous pourrions vivre cent ans encor,

Ni vous ni moi n'aurions de notre vie
Un tel valet; c'est sans doute un trésor.
Dans notre bourg je veux qu'il prenne femme :
A l'avenir traitez-le ainsi que moi.
Pas n'y faudrai, lui repartit la dame,
Et de ceci je vous donne ma foi.

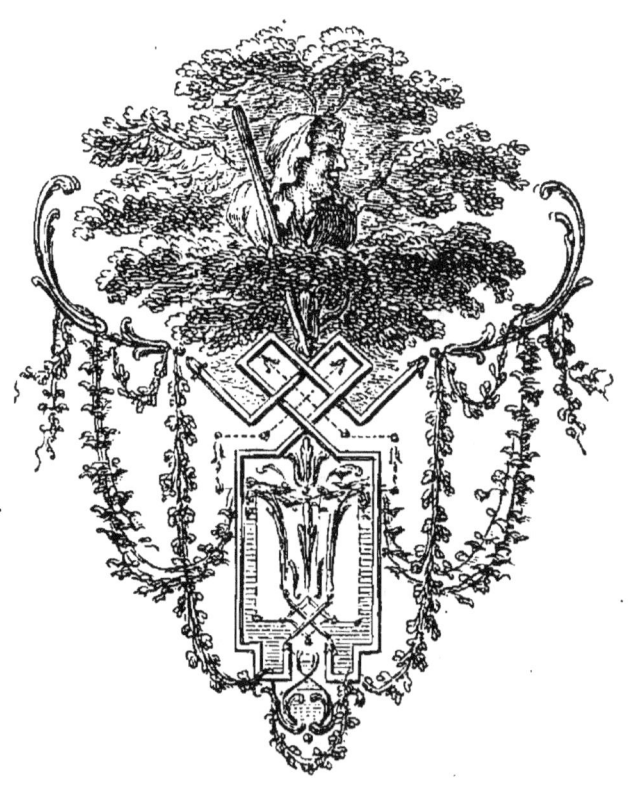

LE MARI CONFESSEUR.

CONTE TIRÉ DES CENT NOUVELLES NOUVELLES.

Messire Artus, sous le grand roi François,
Alla servir aux guerres d'Italie ;
Tant qu'il se vit, après maints beaux exploits,
Fait chevalier en grand' cérémonie.
Son général lui chaussa l'éperon ;
Dont il croioit que le plus haut baron
Ne lui dût plus contester le passage.
Si s'en revint tout fier en son village,
Où ne surprit sa femme en oraison.
Seule il l'avoit laissée à la maison :
Il la retrouve en bonne compagnie,
Dansant, sautant, menant joyeuse vie,
Et des muguets avec elle à foison.
Messire Artus ne prit goût à l'affaire,
Et ruminant sur ce qu'il devoit faire :
Depuis que j'ai mon village quitté,
Si j'étois crû, dit-il, en dignité
De cocuage et de chevalerie,
C'est moitié trop ; sçachons la vérité.
Pour ce s'avise, un jour de confrairie,

De se vêtir en prêtre et confesser.
Sa femme vient à ses pieds se placer.
De prime-abord sont par la bonne dame
Expédiés tous les péchés menus;
Puis à leur tour les gros étant venus,
Force lui fut qu'elle changeât de game.
Pere, dit-elle, en mon lit sont reçûs
Un gentilhomme, un chevalier, un prêtre.
Si le mari ne se fût fait connoître,
Elle en alloit enfiler beaucoup plus;
Courte n'étoit pour sûr la kyrielle.
Son mari donc l'interrompt là-dessus,
Dont bien lui prit. Ah! dit-il, infidelle!
Un prêtre même! à qui crois-tu parler?
A mon mari, dit la fausse femelle,
Qui d'un tel pas se sçut bien démêler.
Je vous ai vû dans ce lieu vous couler.
Ce qui m'a fait douter du badinage.
C'est un grand cas qu'étant homme si sage.
Vous n'ayez sçû l'énigme débrouiller.
On vous a fait, dites-vous, chevalier:
Auparavant vous étiez gentilhomme;
Vous êtes prêtre avecque ces habits.
Beni soit Dieu, dit alors le bon-homme,
Je suis un sot de l'avoir si mal pris.

LE SAVETIER

Un savetier, que nous nommerons Blaise,
Prit belle femme, et fut très-avisé.
Les bonnes gens, qui n'étoient à leur aise,
S'en vont prier un marchand peu rusé
Qu'il leur prêtât, dessous bonne promesse,
Mi-muid de grain; ce que le marchand fait.
Le terme échu, ce créancier les presse,
Dieu sçait pourquoi. Le galant, en effet,
Crut que par-là baiseroit la commere.
Vous avez trop de quoi me satisfaire
(Ce lui dit-il), et sans débourser rien :
Accordez-moi ce que vous sçavez bien.
Je songerai, répond-elle, à la chose;
Puis vient trouver Blaise tout aussi-tôt,
L'avertissant de ce qu'on lui propose.
Blaise lui dit : Par bieu, femme, il nous faut,
Sans coup férir, rattraper notre somme.
Tout de ce pas allez dire à cet homme
Qu'il peut venir, et que je n'y suis point.
Je veux ici me cacher tout à point.
Avant le coup demandez la cédule :
De la donner je ne crois qu'il recule ;
Puis tousserez afin de m'avertir,

Mais haut et clair, et plutôt deux fois qu'une,
Lors de mon coin vous me verrez sortir
Incontinent, de crainte de fortune.
Ainsi fut dit, ainsi s'exécuta ;
Dont le mari puis après se vanta,
Si que chacun glosoit sur ce mystere.
Mieux eût valu tousser après l'affaire,
Dit à la belle un des plus gros bourgeois :
Vous eussiez eu votre compte tous trois.
N'y manquez plus, sauf après de se taire.
Mais qu'en est-il, or çà, belle, entre nous?
Elle répond : Ah! monsieur, croyez-vous
Que nous ayons tant d'esprit que vos dames?
Notez qu'illec avec deux autres femmes
Du gros bourgeois l'épouse étoit aussi.
Je pense bien, continua la belle,
Qu'en pareil cas madame en use ainsi :
Mais quoi! chacun n'est pas si sage qu'elle.

LE PAYSAN

QUI AVOIT OFFENSÉ SON SEIGNEUR.

Un paysan son seigneur offensa.
L'histoire dit que c'étoit bagatelle;
Et toutefois ce seigneur le tança
Fort rudement: ce n'est chose nouvelle.
Coquin, dit-il, tu mérites la hard:
Fais ton calcul d'y venir tôt ou tard;
C'est une fin à tes pareils commune.
Mais je suis bon, et de trois peines l'une
Tu peux choisir : ou de manger trente aulx,
J'entends sans boire, et sans prendre repos;
Ou de souffrir trente bons coups de gaules,
Bien appliqués sur tes larges épaules;
Ou de payer sur le champ cent écus.
Le paysan consultant là-dessus :
Trente aulx sans boire! Ah! dit-il en soi-même,
Je n'appris onc à les manger ainsi;
De recevoir les trente coups aussi,
Je ne le puis sans un péril extrême;
Les cent écus, c'est le pire de tous.

Incertain donc, il se mit à genoux
Et s'écria : Pour Dieu, miséricorde.
Son seigneur dit : Qu'on apporte une corde;
Quoi, le galant m'ose répondre encor?
Le paysan, de peur qu'on ne le pende,
Fait choix de l'ail; et le seigneur commande
Que l'on en cueille, et sur-tout du plus fort.
Un après un lui-même il fait le compte;
Puis, quand il voit que son calcul se monte
A la trentaine, il les met dans un plat.
Et, cela fait, le malheureux pied-plat
Prend le plus gros, en pitié le regarde,
Mange et rechigne, ainsi que fait un chat
Dont les morceaux sont frotés de moutarde.
Il n'oseroit de la langue y toucher.
Son seigneur rit, et sur-tout il prend garde
Que le galant n'avale sans mâcher.
Le premier passe; aussi fait le deuxiéme;
Au tiers il dit : Que le diable y ait part!
Bref il en fut à grand'peine au douziéme,
Que s'écriant : Haro, la gorge m'ard;
Tôt, tôt, dit-il, que l'on m'apporte à boire.
Son seigneur dit : Ah! ah! Sire Grégoire,
Vous avez soif! je vois qu'en vos repas
Vous humectez volontiers le lampas.

Or buvez donc, et buvez à votre aise;
Bon prou vous fasse : hola, du vin, hola!
Mais, mon ami, qu'il ne vous en déplaise,
Il vous faudra choisir, après cela,
Des cent écus ou de la bastonade,
Pour suppléer au défaut de l'aillade.
Qu'il plaise donc, dit l'autre, à vos bontés,
Que les aulx soient sur les coups précomptés;
Car pour l'argent, par trop grosse est la somme :
Où la trouver, moi qui suis un pauvre homme?
Hé-bien, souffrez les trente horions,
Dit le seigneur, mais laissons les oignons.
Pour prendre cœur, le vassal en sa panse
Loge un long trait, se munit le dedans;
Puis souffre un coup avec grande constance.
Au deux, il dit : Donnez-moi patience,
Mon doux Jesus, en tous ces accidens.
Le tiers est rude; il en grince les dents,
Se courbe tout, et saute de sa place.
Au quart, il fait une horrible grimace;
Au cinq, un cri; mais il n'est pas au bout,
Et c'est grand cas s'il peut digérer tout.
On ne vit onc si cruelle aventure.
Deux forts paillards ont chacun un bâton,
Qu'ils font tomber par poids et par mesure,

En observant la cadence et le ton.
Le malheureux n'a rien qu'une chanson :
Grâce, dit-il. Mais las! point de nouvelle;
Car le seigneur fait frapper de plus belle,
Juge des coups, et tient sa gravité,
Disant toûjours qu'il a trop de bonté.
Le pauvre diable enfin craint pour sa vie.
Après vingt coups, d'un ton piteux il crie :
Pour Dieu, cessez; hélas! je n'en puis plus.
Son seigneur dit : Payez donc cent écus,
Net et comptant. Je sçais qu'à la desserre
Vous êtes dur; j'en suis fâché pour vous.
Si tout n'est prêt, votre compere Pierre
Vous en peut bien assister, entre nous;
Mais pour si peu vous ne vous feriez tondre.
Le malheureux, n'osant presque répondre,
Court au magot, et dit : C'est tout mon fait.
On examine, on prend un trébuchet.
L'eau cependant lui coule de la face;
Il n'a point fait encor telle grimace.
Mais que lui sert? Il convient tout payer.
C'est grand pitié, quand on fâche son maître.
Ce paysan eut beau s'humilier;
Et pour un fait, assez leger peut-être,
Il se sentit enflâmer le gosier,

Vuider la bourse, émoucher les épaules,
Sans qu'il lui fût dessus les cent écus,
'Ni pour les aulx, ni pour les coups de gaules,
Fait seulement grace d'un Carolus.

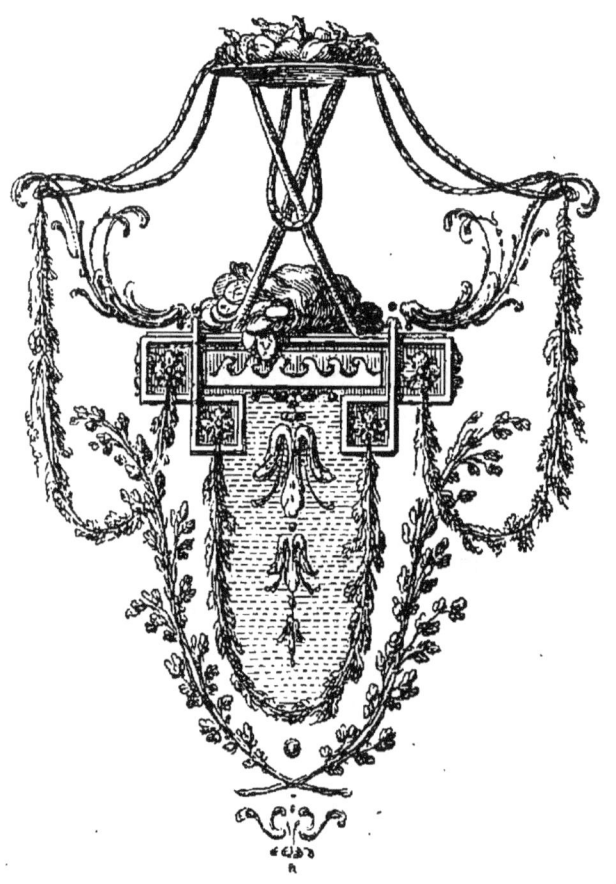

LE MULETIER

NOUVELLE TIRÉE DE BOCCACE

Un roi lombard (les rois de ce païs
Viennent souvent s'offrir à ma mémoire) :
Ce dernier-ci, dont parle en ses écrits
Maître Boccace, auteur de cette histoire,
Portoit le nom d'Agiluf en son temps.
Il épousa Teudelingue la belle,
Veuve du roi dernier mort sans enfans,
Lequel laissa l'état sous la tutelle
De celui-ci, prince sage et prudent.
Nulle beauté n'étoit alors égale
A Teudelingue; et la couche royale
De part et d'autre étoit assurément
Aussi complette, autant bien assortie
Qu'elle fut onc, quand messer Cupidon,
En badinant, fit choir de son brandon
Chez Agiluf, droit dessus l'écurie,
Sans prendre garde, et sans se soucier
En quel endroit; dont avecque furie
Le feu se prit au cœur d'un muletier.
Ce muletier étoit homme de mine,
Et démentoit en tout son origine;
Bien fait et beau, même ayant du bon sens.

Bien le montra : car, s'étant de la reine
Emmouraché, quand il eut quelque temps
Fait ses efforts et mis toute sa peine
Pour se guérir, sans pouvoir rien gagner,
Le compagnon fit un tour d'homme habile.
Maître ne sçais meilleur pour enseigner
Que Cupidon : l'âme la moins subtile
Sous sa férule apprend plus en un jour
Qu'un maître ès-arts en dix ans aux écoles.
Aux plus grossiers, par un chemin bien court,
Il sçait montrer les tours et les paroles :
Le présent conte en est un bon témoin.
Notre amoureux ne songeoit près ni loin,
Dedans l'abord, à jouir de sa mie.
Se déclarer de bouche ou par écrit
N'étoit pas sûr. Si se mit dans l'esprit,
Mourût ou non, d'en passer son envie,
Puisqu'aussi bien plus vivre ne pouvoit;
Et, mort pour mort, toûjours mieux lui valoit,
Auparavant que sortir de la vie,
Éprouver tout, et tenter le hazard.
L'usage étoit, chez le peuple lombard,
Que, quand le roi, qui faisoit lit à part,
Comme tous font, vouloit avec sa femme
Aller coucher, seul il se présentoit,

Presque en chemise, et sur son dos n'avoit
Qu'une simarre. A la porte il frappoit
Tout doucement : aussi-tôt une dame
Ouvroit sans bruit, et le roi lui mettoit
Entre les mains la clarté qu'il portoit,
Clarté n'ayant grand' lueur ni grand' flâme.
D'abord la dame éteignoit en sortant
Cette clarté; c'étoit le plus souvent
Une lanterne, ou de simples bougies :
Chaque royaume a ses cérémonies.
Le muletier remarqua celle-ci,
Ne manqua pas de s'ajuster ainsi,
Se présenta, comme c'étoit l'usage,
S'étant caché quelque peu le visage;
La dame ouvrit dormant plus d'à demi.
Nul cas n'étoit à craindre en l'aventure,
Fors que le roi ne vînt pareillement;
Mais ce jour-là s'étant heureusement
Mis à chasser, force étoit que nature
Pendant la nuit cherchât quelque repos.
Le muletier frais, gaillard, et dispos,
Et parfumé, se coucha sans rien dire.
Un autre point, outre ce qu'avons dit,
C'est qu'Agiluf, s'il avoit en l'esprit
Quelque chagrin, soit touchant son empire,

Ou sa famille, ou pour quelque autre cas,
Ne sonnoit mot en prenant ses ébats :
A tout cela Teudelingue étoit faite.
Notre amoureux fournit plus d'une traite
(Un muletier à ce jeu vaut trois rois);
Dont Teudelingue entra par plusieurs fois
En pensement, et crut que la colere
Rendoit le prince, outre son ordinaire,
Plein de transport, et qu'il n'y songeoit pas.
En ses présens le Ciel est toûjours juste :
Il ne départ à gens de tous états
Mêmes talens. Un empereur Auguste
A les vertus propres pour commander;
Un avocat sçait les points décider;
Au jeu d'amour le muletier fait rage.
Chacun son fait; nul n'a tout en partage.
Notre galant, s'étant diligenté,
Se retira sans bruit et sans clarté,
Devant l'aurore. Il en sortoit à peine,
Lorsqu'Agiluf alla trouver la reine,
Voulut s'ébattre, et l'étonna bien fort.
Certes, monsieur, je sçais bien, lui dit-elle,
Que vous avez pour moi beaucoup de zèle;
Mais de ce lieu vous ne faites encor
Que de sortir; même outre l'ordinaire

LE MULETIER.

En avez pris, et beaucoup plus qu'assez.
Pour Dieu, Monsieur, je vous prie, avisez
Que ne soit trop; votre santé m'est chere.
Le roi fut sage, et se douta du tour;
Ne sonna mot, descendit dans la cour;
Puis de la cour entra dans l'écurie,
Jugeant en lui que le cas provenoit
D'un muletier, comme l'on lui parloit.
Toute la troupe étoit lors endormie,
Fors le galant qui trembloit pour sa vie.
Le roi n'avoit lanterne ni bougie :
En tâtonnant il s'approcha de tous ;
Crut que l'auteur de cette tromperie
Se connoîtroit au battement du pouls.
Pas ne faillit dedans sa conjecture,
Et le second qu'il tâta d'aventure
Étoit son homme, à qui d'émotion,
Soit pour la peur, ou soit pour l'action,
Le cœur battoit, et le pouls tout ensemble.
Ne sçachant pas où devoit aboutir
Tout ce mystere, il feignoit de dormir;
Mais quel sommeil! Le roi, pendant qu'il tremble,
En certain coin va prendre des ciseaux
Dont on coupoit le crin à ses chevaux :
Faisons, dit-il, au galant une marque,

Pour le pouvoir demain connoître mieux.
Incontinent de la main du monarque
Il se sent tondre; un toupet de cheveux
Lui fut coupé, droit vers le front du sire;
Et cela fait le prince se retire.
Il oublia de serrer le toupet;
Dont le galant s'avisa d'un secret
Qui d'Agiluf gâta le stratagême.
Le muletier alla sur l'heure même
En pareil lieu tondre ses compagnons.
Le jour venu, le roi vit ces garçons
Sans poil au front. Lors le prince, en son ame:
Qu'est ceci donc? Qui croiroit que ma femme
Auroit été si vaillante au déduit?
Quoi! Teudelingue a-t-elle cette nuit
Fourni d'ébat à plus de quinze ou seize?
Autant en vit vers le front de tondus.
Or bien, dit-il, qui l'a fait si se taise;
Au demeurant, qu'il n'y retourne plus.

LA SERVANTE JUSTIFIÉE.

NOUVELLE TIRÉE DES CONTES DE LA REINE DE NAVARRE

BOCACE n'est le seul qui me fournit :
Je vas par fois en une autre boutique.
Il est bien vrai que ce divin esprit
Plus que pas un me donne de pratique.
Mais, comme il faut manger de plus d'un pain,
Je puise encore en un vieux magasin,
Vieux des plus vieux, où *Nouvelles nouvelles*
Sont jusqu'à cent, bien déduites et belles
Pour la plûpart, et de très-bonne main.
Pour cette fois la reine de Navarre,
D'un C'étoit-moi, naïf autant que rare,
Entretiendra dans ces vers le lecteur :
Voici le fait, quiconque en soit l'auteur.
J'y mets du mien, selon les occurrences :
C'est ma coûtume, et sans telles licences
Je quitterois la charge de conteur.
Un homme donc avoit belle servante :
Il la rendit au jeu d'amour sçavante.
Elle étoit fille à bien armer un lit,
Pleine de suc, et donnant appetit;

Ce qu'on appelle en françois bonne robbe.
Par un beau jour cet homme se dérobe
D'avec sa femme, et de très-grand matin
S'en va trouver sa servante au jardin.
Elle faisoit un bouquet pour Madame :
C'étoit sa fête. Ayant donc de la femme
Vu le bouquet, il commence à louer
L'assortiment, tâche à s'insinuer :
S'insinuer, en fait de chambriere,
C'est proprement couler sa main au sein,
Ce qui fut fait. La servante soudain
Se défendit, mais de quelle maniere ?
Sans rien gâter ; c'étoit une façon
Sur le marché : bien sçavoit sa leçon.
La belle prend les fleurs qu'elle avoit mises
En un monceau, les jette au compagnon.
Il la baisa pour en avoir raison,
Tant et si bien qu'ils en vinrent aux prises.
En cet étrif la servante tomba :
Lui d'en tirer aussi-tôt avantage.
Le malheur fut que tout ce beau ménage
Fut découvert d'un logis près de là.
Nos gens n'avoient pris garde à cette affaire.
Une voisine apperçut le mystere :
L'époux la vit, je ne sçais pas comment.

JUSTIFIÉE.

Nous voilà pris, dit-il à sa servante :
Notre voisine est languarde et méchante ;
Mais ne soyez en crainte aucunement.
Il va trouver sa femme en ce moment ;
Puis fait si bien que, s'étant éveillée,
Elle se leve, et sur l'heure habillée,
Il continue à jouer son rollet :
Tant qu'à dessein d'aller faire un bouquet,
La pauvre épouse au jardin est menée.
Là fut par lui procédé de nouveau :
Même débat, même jeu se commence ;
Fleurs de voler, tetons d'entrer en danse.
Elle y prit goût ; le jeu lui sembla beau.
Somme, que l'herbe en fut encor froissée.
La pauvre dame alla l'après-dînée
Voir sa voisine, à qui ce secret-là
Chargeoit le cœur : elle se soulagea
Tout dès l'abord. Je ne puis, ma commere,
Dit cette femme avec un front sévère,
Laisser passer, sans vous en avertir,
Ce que j'ai vu. Voulez-vous vous servir
Encor long-temps d'une fille perdue ?
A coups de pied, si j'étois que de vous,
Je l'envoirois ainsi qu'elle est venue.
Comment ! elle est aussi brave que nous.

Or bien, je sçais celui de qui procède
Cette piafe ; apportez-y remède
Tout au plutôt : car je vous avertis
Que ce matin, étant à la fenêtre,
Ne sçais pourquoi, j'ai vu de mon logis
Dans son jardin votre mari paroître,
Puis la galante ; et tous deux se sont mis
A se jeter quelques fleurs à la tête.
Sur ce propos, l'autre l'arrête coi :
Je vous entends, dit-elle ; c'étoit moi.

LA VOISINE.

Voire ! écoutez le reste de la fête :
Vous ne sçavez où je veux en venir.
Les bonnes gens se sont pris à cueillir
Certaines fleurs, que baisers on appelle.

LA FEMME.

C'est encor moi, que vous preniez pour elle.

LA VOISINE.

Du jeu des fleurs à celui des tetons
Ils sont passés : après quelques façons,
A pleine main l'on les a laissés prendre.

LA FEMME.

Et pourquoi non ? c'étoit moi : votre époux
N'a-t-il pas donc les mêmes droits sur vous ?

LA VOISINE.

Cette personne enfin sur l'herbe tendre
Est trébuchée, et, comme je le croi,
Sans se blesser : vous riez?

LA FEMME.

C'étoit moi.

LA VOISINE.

Un cotillon a paré la verdure.

LA FEMME.

C'étoit le mien.

LA VOISINE.

Sans vous mettre en couroux,
Qui le portoit, de la fille ou de vous?
C'est là le point : car monsieur votre époux
Jusques au bout a poussé l'aventure.

LA FEMME.

Qui? c'étoit moi : votre tête est bien dure.

LA VOISINE.

Ah! c'est assez : je ne m'informe plus.
J'ai pourtant l'œil assez bon, ce me semble;
J'aurois juré que je les avois vus
En ce lieu-là se divertir ensemble.
Mais excusez, et ne la chassez pas.

La Femme.

Pourquoi chasser? j'en suis très-bien servie.

La Voisine.

Tant pis pour vous : c'est justement le cas.
Vous en tenez, ma commere m'amie.

LA GAGEURE DES TROIS COMMERES

OU SONT DEUX NOUVELLES TIRÉES DE BOCACE

Après bon vin, trois commeres un jour
S'entretenoient de leurs tours et prouesses;
Toutes avoient un ami par amour,
Et deux étoient au logis les maîtresses.
L'une disoit : J'ai le roi des maris :
Il n'en est point de meilleur dans Paris.
Sans son congé je vas par-tout m'ébattre.
Avec ce tronc j'en ferois un plus fin.
Il ne faut pas se lever trop matin
Pour lui prouver que trois et deux font quatre.
Par mon serment, dit une autre aussi-tôt,
Si je l'avois, j'en ferois une étrene;
Car, quant à moi, du plaisir ne me chaut,
A moins qu'il soit mêlé d'un peu de peine.
Votre époux va tout ainsi qu'on le mene :
Le mien n'est tel, j'en rends graces à Dieu.
Bien sçauroit prendre et le temps et le lieu.
Qui tromperoit à son aise un tel homme.

Pour tout cela ne croyez que je chomme.
Le passe-temps en est d'autant plus doux;
Plus grand en est l'amour des deux parties.
Je ne voudrois contre aucune de vous,
Qui vous vantez d'être si bien loties,
Avoir troqué de galant ni d'époux.
Sur ce débat, la troisiéme commere
Les mit d'accord : car elle fut d'avis
Qu'amour se plaît avec les bons maris,
Et veut aussi quelque peine legere.
Ce point vuidé, le propos s'échauffant,
Et d'en conter toutes trois triomphant,
Celle-ci dit : Pourquoi tant de paroles?
Voulez-vous voir qui l'emporte de nous?
Laissons à part les disputes frivoles :
Sur nouveaux frais attrapons nos époux.
Le moins bon tour payera quelque amende.
Nous le voulons; c'est ce que l'on demande,
Dirent les deux. Il faut faire serment
Que toutes trois, sans nul déguisement,
Rapporterons, l'affaire étant passée,
Le cas au vrai : puis pour le jugement
On en croira la commere Macée.
Ainsi fut dit, ainsi l'on s'accorda.
Voici comment chacune y procéda.

Celle des trois qui plus étoit contrainte,
Aimoit alors un beau jeune garçon,
Frais, délicat et sans poil au menton ;
Ce qui leur fit mettre en jeu cette feinte :
Les pauvres gens n'avoient de leurs amours
Encor joui, sinon par échappées :
Toujours falloit forger de nouveaux tours,
Toujours chercher des maisons empruntées,
Pour plus à l'aise ensemble se jouer.
La bonne dame habille en chambriere
Le jouvenceau, qui vient pour se louer,
D'un air modeste et baissant la paupiere.
Du coin de l'œil l'époux la regardoit,
Et dans son cœur déja se proposoit
De rehausser le linge de la fille.
Bien lui sembloit, en la considérant,
N'en avoir vu jamais de si gentille.
On la retient, avec peine pourtant :
Belle servante et mari vert galant,
C'étoit matiere à feindre du scrupule.
Les premiers jours le mari dissimule,
Détourne l'œil, et ne fait pas semblant
De regarder sa servante nouvelle.
Mais tôt après il tourna tant la belle,
Tant lui donna, tant encor lui promit,

Qu'elle feignit à la fin de se rendre;
Et de jeu fait, à dessein de le prendre,
Un certain soir la galante lui dit :
Madame est mal, et seule elle veut être
Pour cette nuit. Incontinent le maître
Et la servante, ayant fait leur marché,
S'en vont au lit; et, le drôle couché,
Elle en cornette et dégrafant sa jupe,
Madame vient. Qui fut bien empêché?
Ce fut l'époux, cette fois pris pour dupe.
Oh, oh! lui dit la commere en riant,
Votre ordinaire est donc trop peu friand
A votre goût? Et par saint Jean, beau sire,
Un peu plutôt vous me le deviez dire :
J'aurois chez moi toujours eu des tendrons.
De celle-ci, pour certaines raisons,
Vous faut passer; cherchez autre aventure.
Et vous, la belle au dessein si gaillard,
Merci de moi, chambriere d'un liard,
Je vous rendrai plus noire qu'une mûre.
Il vous faut donc du même pain qu'à moi?
J'en suis d'avis; non pourtant qu'il m'en chaille,
Ni qu'on ne puisse en trouver qui le vaille :
Graces à Dieu, je crois avoir de quoi
Donner encor à quelqu'un dans la vue :

Je ne suis pas à jetter dans la rue.
Laissons ce point; je sçais un bon moyen :
Vous n'aurez plus d'autre lit que le mien.
Voyez un peu; diroit-on qu'elle y touche?
Vite, marchons; que du lit où je couche,
Sans marchander, on prenne le chemin.
Vous chercherez vos besognes demain.
Si ce n'étoit le scandale et la honte,
Je vous mettrois dehors en cet état.
Mais je suis bonne, et ne veux point d'éclat :
Puis je rendrai de vous un très-bon compte
A l'avenir, et vous jure ma foi
Que nuit et jour vous serez près de moi.
Qu'ai-je besoin de me mettre en allarmes,
Puisque je puis empêcher tous vos tours ?
La chambriere, écoutant ce discours,
Fait la honteuse et jette une ou deux larmes,
Prend son paquet et sort sans consulter,
Ne se le fait pas deux fois répéter,
S'en va jouer un autre personnage,
Fait au logis deux métiers tour à tour :
Galant de nuit, chambriere de jour;
En deux façons elle a soin du ménage.
Le pauvre époux se trouve tout heureux,
Qu'à si bon compte il en ait été quitte.

Lui couché seul, notre couple amoureux
D'un temps si doux à son aise profite :
Rien ne s'en perd, et des moindres momens
Bons ménagers furent nos deux amans,
Sçachant très-bien que l'on n'y revient gueres.
Voilà le tour d'une des trois commeres.
  L'AUTRE, de qui le mari croyoit tout,
Avecque lui sous un poirier assise,
De son dessein vint aisément à bout.
En peu de mots j'en vas conter la guise.
Leur grand valet près d'eux étoit debout,
Garçon bien fait, beau parleur et de mise,
Et qui faisoit les servantes troter.
La dame dit : Je voudrois bien goûter
De ce fruit-là : Guillot, monte et secoue
Notre poirier. Guillot monte à l'instant.
Grimpé qu'il est, le drôle fait semblant
Qu'il lui paroît que le mari se joue
Avec sa femme. Aussi-tôt le valet,
Frotant ses yeux, comme étonné du fait:
Vraiment, monsieur, commence-t-il à dire,
Si vous vouliez madame caresser,
Un peu plus loin vous pouviez aller rire,
Et, moi présent, du moins vous en passer.
Ceci me cause une surprise extrême :

DES TROIS COMMERES. 59

Devant les gens prendre ainsi vos ébats!
Si d'un valet vous ne faites nul cas,
Vous vous devez du respect à vous-même.
Quel taon vous point? attendez à tantôt;
Ces privautés en seront plus friandes :
Tout aussi-bien, pour le temps qu'il vous faut,
Les nuits d'été sont encore assez grandes.
Pourquoi ce lieu? vous avez pour cela
Tant de bons lits, tant de chambres si belles!
La dame dit : Que conte celui-là?
Je crois qu'il rêve : où prend-il ces nouvelles?
Qu'entend ce fol avecque ses ébats?
Descens, descens, mon ami, tu verras.
Guillot descend. Hé bien! lui dit son maître,
Nous jouons-nous?

GUILLOT.
Non pas pour le présent.
LE MARI.
Pour le présent!
GUILLOT.
Oui, monsieur, je veux être
Écorché vif, si tout incontinent
Vous ne baisiez madame sur l'herbette.
LA FEMME.
Mieux te vaudroit laisser cette sornette,
Je te le dis, car elle sent les coups.

Le Mari.

Non, non, m'amie, il faut qu'avec les fous
Tout de ce pas par mon ordre on le mette.

Guillot.

Est-ce être fou que de voir ce qu'on voit?

La Femme.

Et qu'as-tu vu?

Guillot.

J'ai vu, je le répète,
Vous et monsieur qui, dans ce même endroit,
Jouyez tous deux au doux jeu d'amourette,
Si ce poirier n'est peut-être charmé.

La Femme.

Voire, charmé; tu nous fais un beau conte.

Le Mari.

Je le veux voir vraiment; faut que j'y monte,
Vous en sçaurez bientôt la vérité.
Le maître à peine est sur l'arbre monté,
Que le valet embrasse la maîtresse.
L'époux, qui voit comme l'on se caresse,
Crie et descend en grand' hâte aussi-tôt.
Il se rompit le col, ou peu s'en faut,
Pour empêcher la suite de l'affaire.
Et toutes fois il ne put si bien faire

Que son honneur ne reçût quelque échec.
Comment, dit-il, quoi! même à mon aspect,
Devant mon nez, à mes yeux? Sainte Dame!
Que vous faut-il? qu'avez-vous, dit la femme?

LE MARI.

Oses-tu bien le demander encor?

LA FEMME.

Et pourquoi non?

LE MARI.

Pourquoi? n'ai-je pas tort
De t'accuser de cette effronterie?

LA FEMME.

Ah! c'en est trop : parlez mieux, je vous prie.

LE MARI.

Quoi! ce coquin ne te caressoit pas?

LA FEMME.

Moi? vous rêvez.

LE MARI.

D'où viendroit donc ce cas?
Ai-je perdu la raison ou la vue?

LA FEMME.

Me croyez-vous de sens si dépourvue
Que devant vous je commisse un tel tour?
Ne trouverois-je assez d'heures au jour
Pour m'égayer, si j'en avois envie?

Le Mari.

Je ne sçais plus ce qu'il faut que je die :
Notre poirier m'abuse assurément.
Voyons encor. Dans le même moment
L'époux remonte, et Guillot recommence.
Pour cette fois le mari voit la danse
Sans se fâcher, et descend doucement.
Ne cherchez plus, leur dit-il, d'autres causes :
C'est ce poirier. Il est ensorcelé.
Puisqu'il fait voir de si vilaines choses,
Reprit la femme, il faut qu'il soit brûlé.
Cours au logis ; dis qu'on le vienne abbatre :
Je ne veux plus que cet arbre maudit
Trompe les gens. Le valet obéït.
Sur le pauvre arbre ils se mettent à quatre,
Se demandant l'un l'autre sourdement
Quel si grand crime a ce poirier pu faire.
La dame dit : Abbatez seulement ;
Quant au surplus, ce n'est pas votre affaire.
Par ce moyen la seconde commere
Vint au dessus de ce qu'elle entreprit.
Passons au tour que la troisiéme fit.

Les rendez-vous chez quelque bonne amie
Ne lui manquoient non plus que l'eau du puits.
Là tous les jours étoient nouveaux déduits ;

Notre donzelle y tenoit sa partie.
Un sien amant, étant lors de quartier,
Ne croyant pas qu'un plaisir fût entier
S'il n'étoit libre, à la dame propose
De se trouver seuls ensemble une nuit.
Deux, lui dit-elle, et pour si peu de chose
Vous ne serez nullement éconduit.
Jà de par moi ne manquera l'affaire ;
De mon mari je sçaurai me défaire
Pendant ce temps. Aussi-tôt fait que dit.
Bon besoin eut d'être femme d'esprit :
Car pour époux elle avoit pris un homme
Qui ne faisoit en voyages grands frais ;
Il n'alloit pas querir pardons à Rome,
Quand il pouvoit en rencontrer plus près,
Tout au rebours de la bonne donzelle,
Qui, pour montrer sa ferveur et son zèle,
Toujours alloit au plus loin s'en pourvoir.
Pélerinage avoit fait son devoir
Plus d'une fois ; mais c'étoit le vieux stile :
Il lui falloit, pour se faire valoir,
Chose qui fût plus rare et moins facile.
Elle s'attache à l'orteil, dès le soir,
Un brin de fil qui rendoit à la porte
De la maison ; et puis se va coucher

Droit au côté d'Henriet Berlinguier
(On appelloit son mari de la sorte).
Elle fit tant qu'Henriet se tournant,
Sentit le fil. Aussi-tôt il soupçonne
Quelque dessein; et, sans faire semblant
D'être éveillé, sur ce fait il raisonne;
Se leve enfin, et sort tout doucement,
De bonne foi son épouse dormant,
Ce lui sembloit; suit le fil dans la rue.
Conclut de là que l'on le trahissoit;
Que quelque amant que la donzelle avoit
Avec ce fil par le pied la tiroit,
L'avertissant ainsi de sa venue;
Que la galante aussi-tôt descendoit,
Tandis que lui pauvre mari dormoit :
Car autrement, pourquoi ce badinage?
Il falloit bien que messer Cocuage
Le visitât, honneur dont, à son sens,
Il se seroit passé le mieux du monde.
Dans ce penser, il s'arme jusqu'aux dents;
Hors la maison fait le guet et la ronde,
Pour attraper quiconque tirera
Le brin de fil. Or le lecteur sçaura
Que ce logis avoit sur le derriere
De quoi pouvoir introduire l'ami :

Il le fut donc par une chambriere.
Tout domestique, en trompant un mari,
Pense gagner indulgence pléniere.
Tandis qu'ainsi Berlinguier fait le guet,
La bonne dame et le jeune muguet
En sont aux mains, et Dieu sçait la maniere.
En grand soulas cette nuit se passa ;
Dans leurs plaisirs rien ne les traversa.
Tout fut des mieux, graces à la servante,
Qui fit si bien devoir de surveillante
Que le galant tout à temps délogea.
L'époux revint quand le jour approcha,
Reprit sa place, et dit que la migraine
L'avoit contraint d'aller coucher en haut.
Deux jours après, la commere ne faut
De mettre un fil. Berlinguier aussi-tôt,
L'ayant senti, rentre en la même peine,
Court à son poste, et notre amant au sien.
Renfort de joye : on s'en trouva si bien,
Qu'encore un coup on pratiqua la ruse ;
Et Berlinguier, prenant la même excuse,
Sortit encore, et fit place à l'amant ;
Autre renfort de tout contentement.
On s'en tint là. Leur ardeur refroidie,
Il en falut venir au dénouement.

Trois actes eut sans plus la comédie.
Sur le minuit, l'amant s'étant sauvé,
Le brin de fil aussi-tôt fut tiré
Par un des siens sur qui l'époux se rue,
Et le contraint, en occupant la rue,
D'entrer chez lui, le tenant au collet,
Et ne sçachant que ce fût un valet.
Bien à propos lui fut donné le change.
Dans le logis est un vacarme étrange :
La femme accourt au bruit que fait l'époux.
Le compagnon se jette à leurs genoux,
Dit qu'il venoit trouver la chambriere ;
Qu'avec ce fil il la tiroit à soi,
Pour faire ouvrir, et que depuis naguere
Tous deux s'étoient entredonné la foi.
C'est donc cela, poursuivit la commere,
En s'adressant à la fille, en colere,
Que l'autre jour je vous vis à l'orteil
Un brin de fil : je m'en mis un pareil,
Pour attraper avec ce stratagême
Votre galant. Or bien, c'est votre époux,
A la bonne-heure : il faut cette nuit même
Sortir d'ici. Berlinguier fut plus doux ;
Dit qu'il falloit au lendemain attendre.
On les dota l'un et l'autre amplement :

L'époux, la fille ; et le valet, l'amant ;
Puis au Moûtier le couple s'alla rendre,
Se connoissant tous deux de plus d'un jour.
Ce fut la fin qu'eut le troisiéme tour.
Lequel vaut mieux ? pour moi, je m'en rapporte.
  MACÉE ayant pouvoir de décider,
Ne sçut à qui la victoire accorder,
Tant cette affaire à résoudre étoit forte.
Toutes avoient eu raison de gager.
Le procès pend, et pendra de la sorte
Encor long-temps, comme l'on peut juger.

LE CALENDRIER DES VIEILLARDS

NOUVELLE TIRÉE DE BOCACE

Plus d'une fois je me suis étonné
Que ce qui fait la paix du mariage
En est le point le moins considéré.
Lorsque l'on met une fille en ménage,
Les pere et mere ont pour objet le bien ;
Tout le surplus, ils le comptent pour rien ;
Jeunes tendrons à vieillards apparient
Et cependant je vois qu'ils se soucient
D'avoir chevaux à leur char attelés
De même taille, et mêmes chiens couplés.
Ainsi des bœufs, qui de force pareille
Sont toûjours pris : car ce seroit merveille
Si, sans cela, la charrue alloit bien.
Comment pourroit celle du mariage
Ne mal aller, étant un attelage
Qui bien souvent ne se rapporte en rien ?
J'en vas conter un exemple notable.
  On sçait qui fut Richard de Quinzica,
Qui mainte fête à sa femme allégua,
Mainte vigile, et maint jour fériable,

Et du devoir crut s'échapper par-là.
Très-lourdement il erroit en cela.
Cettui Richard étoit juge dans Pise,
Homme sçavant en l'étude des loix,
Riche d'ailleurs ; mais dont la barbe grise
Montroit assez qu'il devoit faire choix
De quelque femme à peu près de même âge ;
Ce qu'il ne fit, prenant en mariage
La mieux séante et la plus jeune d'ans
De la cité, fille bien alliée,
Belle sur tout : c'étoit Bartholomée
De Galandi, qui, parmi ses parens,
Pouvoit compter les plus gros de la ville.
En ce ne fit Richard tour d'homme habile ;
Et l'on disoit communément de lui,
Que ses enfans ne manqueroient de peres.
Tel fait métier de conseiller autrui,
Qui ne voit goute en ses propres affaires.
Quinzica donc, n'ayant de quoi servir
Un tel oiseau qu'étoit Bartholomée,
Pour s'excuser et pour la contenir,
Ne rencontroit point de jours en l'année,
Selon son compte et son calendrier,
Où l'on se pût sans scrupule appliquer
Au fait d'hymen : chose aux vieillards commode,

Mais dont le sexe abhorre la méthode.
Quand je dis point, je veux dire très-peu;
Encor ce peu lui donnoit de la peine.
Toute en férie il mettoit la semaine;
Et bien souvent faisoit venir en jeu
Saint qui ne fut jamais dans la Légende.
Le vendredi, disoit-il, nous demande
D'autres pensers, ainsi que chacun sçait.
Pareillement il faut que l'on retranche
Le samedi, non sans juste sujet,
D'autant que c'est la veille du dimanche.
Pour ce dernier, c'est un jour de repos.
Quant au lundi, je ne trouve à propos
De commencer par ce point la semaine;
Ce n'est le fait d'une ame bien chrétienne.
Les autres jours autrement s'excusoit;
Et quand venoit aux fêtes solemnelles,
C'étoit alors que Richard triomphoit,
Et qu'il donnoit les leçons les plus belles.
Long-temps devant toûjours il s'abstenoit;
Long-temps après il en usoit de même.
Aux Quatre-Temps autant il en faisoit,
Sans oublier l'Avent ni le Carême.
Cette saison pour le vieillard étoit
Un temps de Dieu, jamais ne s'en lassoit.

De patrons même il avoit une liste :
Point de quartier pour un évangéliste,
Pour un apôtre, ou bien pour un docteur.
Vierge n'étoit, martyr et confesseur
Qu'il ne chommât ; tous les sçavoit par cœur.
Que s'il étoit au bout de son scrupule,
Il alléguoit les jours malencontreux,
Puis les brouillards et puis la canicule,
De s'excuser n'étant jamais honteux.
La chose ainsi presque toûjours égale,
Quatre fois l'an, de grace spéciale,
Notre docteur régaloit sa moitié
Petitement ; enfin c'étoit pitié.
A cela près, il traitoit bien sa femme.
Les affiquets, les habits à changer,
Joyaux, bijoux ne manquoient à la dame ;
Mais tout cela n'est que pour amuser
Un peu de temps des esprits de poupée :
Droit au solide alloit Bartholomée.
Son seul plaisir, dans la belle saison,
C'étoit d'aller à certaine maison
Que son mari possédoit sur la côte :
Ils y couchoient tous les huit jours sans faute.
Là, quelquefois sur la mer ils montoient,
Et le plaisir de la pêche goûtoient,

Sans s'éloigner que bien peu de la rade.
Arrive donc qu'un jour de promenade,
Bartholomée et messer le docteur
Prennent chacun une barque à pêcheur,
Sortent sur mer : ils avoient fait gageure,
A qui des deux auroit plus de bonheur,
Et trouveroit la meilleure aventure
Dedans sa pêche, et n'avoient avec eux,
Dans chaque barque, en tout qu'un homme ou deux.
Certain corsaire apperçut la chaloupe
De notre épouse, et vint avec sa troupe
Fondre dessus, l'emmena bien et beau ;
Laissa Richard, soit que près du rivage
Il n'osât pas hazarder davantage,
Soit qu'il craignît qu'ayant dans son vaisseau
Notre vieillard, il ne pût de sa proie
Si bien jouir : car il aimoit la joie
Plus que l'argent, et toujours avoit fait
Avec honneur son métier de corsaire ;
Au jeu d'amour étoit homme d'effet,
Ainsi que sont gens de pareille affaire.
Gens de mer sont toûjours prêts à bien faire,
Ce qu'on appelle autrement bons garçons.
On n'en voit point qui les fêtes allégue.
Or tel étoit celui dont nous parlons,

Ayant pour nom Pagamin de Monégue.
La belle fit son devoir de pleurer
Un demi jour, tant qu'il se put étendre;
Et Pagamin de la reconforter,
Et notre épouse à la fin de se rendre.
Il la gagna ; bien sçavoit son métier.
Amour s'en mit, Amour ce bon apôtre,
Dix mille fois plus corsaire que l'autre,
Vivant de rapt, faisant peu de quartier.
La belle avoit sa rançon toute prête :
Très-bien lui prit d'avoir de quoi payer :
Car là n'étoit ni vigile, ni fête.
Elle oublia ce beau calendrier
Rouge par tout, et sans nul jour ouvrable :
De la ceinture on le lui fit tomber ;
Plus n'en fut fait mention qu'à la table.
Notre légiste eût mis son doigt au feu
Que son épouse étoit toûjours fidelle,
Entiere et chaste, et que, moyennant Dieu,
Pour de l'argent on lui rendroit la belle.
De Pagamin il prit un sauf-conduit,
L'alla trouver, lui mit la carte-blanche.
Pagamin dit : Si je n'ai pas bon bruit,
C'est à grand tort. Je veux vous rendre franche
Et sans rançon votre chere moitié :

Ne plaise à Dieu que si belle amitié
Soit par mon fait de desastre ainsi pleine.
Celle pour qui vous prenez tant de peine
Vous reviendra, selon votre desir :
Je ne veux point vous vendre ce plaisir.
Faites-moi voir seulement qu'elle est vôtre :
Car si j'allois vous en rendre quelque autre,
Comme il m'en tombe assez entre les mains,
Ce me seroit une espece de blâme.
Ces jours passés, je pris certaine dame
Dont les cheveux sont quelque peu châtains,
Grande de taille, en bon point, jeune et fraîche :
Si cette belle, après vous avoir vu,
Dit être à vous, c'est autant de conclu :
Reprenez-la; rien ne vous en empêche.
Richard reprit : Vous parlez sagement,
Et me traitez trop généreusement.
De son métier il faut que chacun vive :
Mettez un prix à la pauvre captive,
Je le payrai comptant, sans hésiter.
Le compliment n'est ici nécessaire :
Voilà ma bourse; il ne faut que compter.
Ne me traitez que comme on pourroit faire,
En pareil cas, l'homme le moins connu.
Seroit-il dit que vous m'eussiez vaincu

D'honnêteté? Non sera sur mon ame;
Vous le verrez. Car, quant à cette dame,
Ne doutez point qu'elle ne soit à moi.
Je ne veux pas que vous m'ajoûtiez foi,
Mais aux baisers que de la pauvre femme
Je recevrai, ne craignant qu'un seul point;
C'est qu'à me voir de joie elle ne meure.
On fait venir l'épouse toute à l'heure,
Qui froidement et ne s'émouvant point,
Devant ses yeux voit son mari paroître,
Sans témoigner seulement le connoître,
Non plus qu'un homme arrivé du Pérou.
Voyez, dit-il, la pauvrette est honteuse
Devant les gens, et sa joie amoureuse
N'ose éclater : soyez sûr qu'à mon cou,
Si j'étois seul, elle seroit sautée.
Pagamin dit : Qu'il ne tienne à cela;
Dedans sa chambre, allez, conduisez-la.
Ce qui fut fait; et la chambre fermée,
Richard commence : Et là, Bartholomée,
Comme tu fais! Je suis ton Quinzica,
Toûjours le même à l'endroit de sa femme.
Regarde-moi. Trouves-tu, ma chere ame,
En mon visage un si grand changement?
C'est la douleur de ton enlévement

Qui me rend tel; et toi seule en es cause.
T'ai-je jamais refusé nulle chose,
Soit pour ton jeu, soit pour tes vêtemens?
En étoit-il quelqu'une de plus brave?
De ton vouloir ne me rendois-je esclave?
Tu le seras étant avec ces gens.
Et ton honneur, que crois-tu qu'il devienne?
Ce qu'il pourra, répondit brusquement
Bartholomée. Est-il temps maintenant
D'en avoir soin? S'en est-on mis en peine,
Quand malgré moi l'on m'a jointe avec vous?
Vous, vieux penard, moi fille jeune et drue,
Qui méritois d'être un peu mieux pourvue,
Et de goûter ce qu'Hymen a de doux.
Pour cet effet j'étois assez aimable,
Et me trouvois aussi digne, entre nous,
De ces plaisirs que j'en étois capable.
Or est le cas allé d'autre façon.
J'ai pris mari qui, pour toute chanson,
N'a jamais eu que ses jours de férie.
Mais Pagamin, si-tôt qu'il m'eut ravie,
Me sçut donner bien une autre leçon.
J'ai plus appris des choses de la vie
Depuis deux jours qu'en quatre ans avec vous.
Laissez-moi donc, monsieur mon cher époux;

Sur mon retour n'insistez davantage.
Calendriers ne sont point en usage
Chez Pagamin : je vous en avertis.
Vous et les miens avez mérité pis ;
Vous, pour avoir mal mesuré vos forces
En m'épousant; eux, pour s'être mépris,
En préférant les legeres amorces
De quelque bien à cet autre point-là.
Mais Pagamin pour tous y pourvoira.
Il ne sçait Loi, ni Digeste, ni Code,
Et cependant très-bonne est sa méthode ;
De ce matin lui-même il vous dira
Du quart en sus comme la chose en va.
Un tel aveu vous surprend et vous touche :
Mais faire ici de la petite-bouche
Ne sert de rien, l'on n'en croira pas moins ;
Et puisqu'enfin nous voici sans témoins,
Adieu vous dis, vous, et vos jours de fête.
Je suis de chair; les habits rien n'y font.
Vous sçavez bien, monsieur, qu'entre la tête
Et le talon d'autres affaires sont. »
A tant se tut. Richard, tombé des nues,
Fut tout heureux de pouvoir s'en aller.
Bartholomée, ayant ses hontes bues,
Ne se fit pas tenir pour demeurer.

Le pauvre époux en eut tant de tristesse,
Outre les maux qui suivent la vieillesse,
Qu'il en mourut à quelques jours de là;
Et Pagamin prit à femme sa veuve.
Ce fut bien fait : nul des deux ne tomba
Dans l'accident du pauvre Quinzica,
S'étant choisis l'un et l'autre à l'épreuve.
Belle leçon pour gens à cheveux gris,
Sinon qu'ils soient d'humeur accommodante;
Car en ce cas messieurs les favoris
Font leur ouvrage, et la dame est contente.

A FEMME AVARE GALANT ESCROC

NOUVELLE TIRÉE DE BOCACE.

u'un homme soit plumé par des coquettes,
Ce n'est pour faire au miracle crier.
Gratis est mort; plus d'amour sans payer;
En beaux louis se content les fleurettes :
Ce que je dis des coquettes s'entend.
Pour notre honneur, si me faut-il pourtant
Montrer qu'on peut, nonobstant leur adresse,
En attraper au moins une entre cent,
Et lui jouer quelque tour de souplesse.
Je choisirai pour exemple Gulphar :
Le drôle fit un trait de franc soudar;
Car aux faveurs d'une belle il eut part
Sans débourser, escroquant la chrétienne.
Notez ceci, et qu'il vous en souvienne,
Galans d'épée, encor bien que ce tour
Pour vous stiler soit fort peu nécessaire.
Je trouverois maintenant à la cour

Plus d'un Gulphar, si j'en avois affaire.
Celui-ci donc chez sire Gasparin
Tant fréquenta, qu'il devint à la fin
De son épouse amoureux sans mesure.
Elle étoit jeune et belle créature,
Plaisoit beaucoup, fors un point qui gâtoit
Toute l'affaire, et qui seul rebutoit
Les plus ardens; c'est qu'elle étoit avare.
Ce n'est pas chose en ce siécle fort rare.
Je l'ai jà dit : rien n'y font les soupirs.
Celui-là parle une langue barbare
Qui l'or en main n'explique ses desirs.
Le jeu, la jupe et l'amour des plaisirs
Sont les ressorts que Cupidon employe.
De leur boutique il sort chez les François
Plus de cocus, que du cheval de Troye
Il ne sortit de héros autrefois.
Pour revenir à l'humeur de la belle,
Le compagnon ne put rien tirer d'elle
Qu'il ne parlât. Chacun sçait ce que c'est
Que de parler. Le lecteur, s'il lui plait,
Me permettra de dire ainsi la chose.
Gulphar donc parle, et si bien qu'il propose
Deux cens écus. La belle l'écouta :
Et Gasparin à Gulphar les prêta;

Ce fut le bon : puis aux champs s'en alla,
Ne soupçonnant aucunement sa femme.
Gulphar les donne en présence de gens :
Voilà, dit-il, deux cens écus comptans
Qu'à votre époux vous donnerez, Madame.
La belle crut qu'il avoit dit cela
Par politique, et pour jouer son rôle.
Le lendemain elle le régala
Tout de son mieux, en femme de parole.
Le drôle en prit, ce jour et les suivans,
Pour son argent, et même avec usure :
A bon payeur on fait bonne mesure.
Quand Gasparin fut de retour des champs,
Gulphar lui dit, son épouse présente :
J'ai votre argent à Madame rendu,
N'en ayant eu pour une affaire urgente
Aucun besoin, comme je l'avois cru;
Déchargez-en votre livre, de grace.
A ce propos, aussi froide que glace,
Notre galante avoua le reçu.
Qu'eût-elle fait? on eût prouvé la chose.
Son regret fut d'avoir enflé la dose
De ses faveurs; c'est ce qui la fâchoit :
Voyez un peu la perte que c'étoit!
En la quittant, Gulphar alla tout droit

Conter ce cas, le corner par la ville,
Le publier, le prêcher sur les toits.
De l'en blâmer, il seroit inutile :
Ainsi vit-on, chez nous autres François.

ON NE S'AVISE JAMAIS DE TOUT

CONTE TIRÉ DES CENT NOUVELLES NOUVELLES

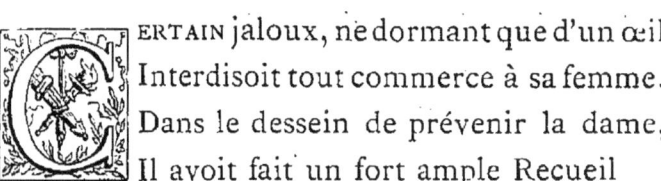ERTAIN jaloux, ne dormant que d'un œil
Interdisoit tout commerce à sa femme.
Dans le dessein de prévenir la dame,
Il avoit fait un fort ample Recueil
De tous les tours que le sexe sçait faire.
Pauvre ignorant ! comme si cette affaire
N'étoit une hidre, à parler franchement.
Il captivoit sa femme cependant,
De ses cheveux vouloit sçavoir le nombre,
La faisoit suivre, à toute heure, en tous lieux,
Par une vieille au corps tout rempli d'yeux,
Qui la quittoit aussi peu que son ombre.
Ce fou tenoit son Recueil fort entier :
Il le portoit en guise de Psautier,
Croyant par-là les galans hors de game.
Un jour de fête arrive que la dame,
En revenant de l'église, passa
Près d'un logis d'où quelqu'un lui jetta
Fort à propos plein un panier d'ordure.
On s'excusa : la pauvre créature

Toute vilaine entra dans le logis.
Il lui fallut dépouiller ses habits.
Elle envoya querir une autre jupe.
Dès en entrant, par cette Douagna,
Qui hors d'haleine à Monsieur raconta
Tout l'accident. Foin, dit-il, celui-là
N'est dans mon livre, et je suis pris pour dupe :
Que le Recueil au diable soit donné.
Il disoit bien; car on n'avoit jetté
Cette immondice, et la dame gâté,
Qu'afin qu'elle eût quelque valable excuse,
Pour éloigner son dragon quelque temps.
Un sien galant, ami de là-dedans,
Tout aussi-tôt profita de la ruse.
Nous avons beau sur ce sexe avoir l'œil :
Ce n'est coup sûr encontre tous esclandres.
Mari jaloux, brulez votre Recueil,
Sur ma parole, et faites-en des cendres.

LE GASCON PUNI

NOUVELLE

Un Gascon, pour s'être vanté
De posséder certaine belle,
Fut puni de sa vanité
D'une façon assez nouvelle.
Il se vantoit à faux, et ne possédoit rien :
Mais quoi ! tout médisant est prophète en ce monde.
On croit le mal d'abord ; mais à l'égard du bien,
    Il faut que la vue en réponde.
La dame cependant du Gascon se moquoit :
Même au logis pour lui rarement elle étoit ;
    Et bien souvent qu'il la traitoit
    D'incomparable et de divine.
    La belle aussi-tôt s'enfuyoit,
    S'allant sauver chez sa voisine.
Elle avoit nom Philis ; son voisin, Eurilas ;
La voisine, Cloris ; le gascon, Dorilas ;
Un sien ami, Damon : c'est tout, si j'ai mémoire.
Ce Damon, de Cloris, à ce que dit l'histoire,
Étoit amant aimé, galant, comme on voudra,
Quelque chose de plus encor que tout cela.
Pour Philis, son humeur libre, gaie et sincère

Montroit qu'elle étoit sans affaire,
Sans secret, et sans passion.
On ignoroit le prix de sa possesion :
Seulement à l'user chacun la croyoit bonne.
Elle approchoit vingt ans, et venoit d'enterrer
Un mari, de ceux-là que l'on perd sans pleurer,
Vieux barbon qui laissoit d'écus plein une tonne.
En mille endroits de sa personne,
La belle avoit de quoi mettre un Gascon aux cieux.
Des attraits par dessus les yeux,
Je ne sçais quel air de pucelle,
Mais le cœur tant soit peu rebelle,
Rebelle toutesfois de la bonne façon :
Voilà Philis. Quant au Gascon,
Il étoit Gascon, c'est tout dire.
Je laisse à penser si le sire
Importuna la veuve, et s'il fit des sermens :
Ceux des Gascons et des Normans
Passent peu pour mots d'Evangile.
C'étoit pourtant chose facile
De croire Dorilas de Philis amoureux;
Mais il vouloit aussi que l'on le crût heureux.
Philis dissimulant, dit un jour à cet homme :
Je veux un service de vous;
Ce n'est pas d'aller jusqu'à Rome :

LE GASCON PUNI.

C'est que vous nous aidiez à tromper un jaloux.
La chose est sans péril, et même fort aisée.
  Nous voulons que cette nuit-ci
  Vous couchiez avec le mari
  De Cloris, qui m'en a priée.
  Avec Damon s'étant brouillée,
Il leur faut une nuit entiere, et par-delà,
Pour démêler entre-eux tout ce différend-là.
  Notre but est qu'Eurilas pense,
Vous sentant près de lui, que ce soit sa moitié.
Il ne lui touche point, vit dedans l'abstinence,
Et soit par jalousie, ou bien par impuissance,
A retranché d'hymen certains droits d'amitié;
  Ronfle toûjours, fait la nuit d'une traite;
C'est assez qu'en son lit il trouve une cornette :
Nous vous ajusterons; enfin ne craignez rien;
  Je vous recompenserai bien.
Pour se rendre Philis un peu plus favorable,
Le Gascon eût couché, dit-il, avec le diable.
La nuit vient: on le coëffe, on le met au grand lit.
On éteint les flambeaux, Eurilas prend sa place.
  Du Gascon la peur se saisit;
  Il devient aussi froid que glace,
  N'oseroit tousser ni cracher,
  Beaucoup moins encor s'approcher;

Se fait petit, se serre, au bord se va nicher,
Et ne tient que moitié de la rive occupée :
Je crois qu'on l'auroit mis dans un fourreau d'épée.
Son coucheur cette nuit se retourna cent fois,
Et jusques sur le nez lui porta certains doigts
      Que la peur lui fit trouver rudes.
      Le pis de ces inquiétudes,
C'est qu'il craignoit qu'enfin un caprice amoureux
Ne prît à ce mari : tels cas sont dangereux,
Lorsque l'un des conjoints se sent privé du somme.
Toûjours nouveaux sujets allarmoient le pauvre homme.
L'on étendoit un pied, l'on approchoit un bras;
Il crut même sentir la barbe d'Eurilas.
Mais voici quelque chose à mon sens de terrible.
Une sonnette étoit près du chevet du lit :
Eurilas de sonner, et faire un bruit horrible.
      Le Gascon se pâme à ce bruit;
      Cette fois-là se croit détruit,
      Fait un vœu, renonce à sa dame,
      Et songe au salut de son ame.
Personne ne venant, Eurilas s'endormit.
      Avant qu'il fût jour on ouvrit;
Philis l'avoit promis : quand voici de plus belle
      Un flambeau comble de tous maux.
      Le Gascon, après ces travaux,

LE GASCON PUNI.

Se fût bien levé sans chandelle :
Sa perte étoit alors un point tout assuré.
On approche du lit : le pauvre homme éclairé
    Prie Eurilas qu'il lui pardonne.
    Je le veux, dit une personne,
    D'un ton de voix rempli d'appas.
    C'étoit Philis qui d'Eurilas
Avoit tenu la place, et qui, sans trop attendre,
    Tout en chemise s'alla rendre
Dans les bras de Cloris qu'accompagnoit Damon :
C'étoit, dis-je, Philis, qui conta du Gascon
    La peine et la frayeur extrême ;
Et qui, pour l'obliger à se tuer soi-même,
   En lui montrant ce qu'il avoit perdu,
    Laissoit son sein à demi nu.

LA FIANCÉE DU ROI DE GARBE

NOUVELLE

L n'est rien qu'on ne conte en diverses façons :
On abuse du vrai, comme on fait de la feinte.
Je le souffre aux récits qui passent pour chansons ;
Chacun y met du sien sans scrupule et sans crainte.
Mais aux événements de qui la vérité
    Importe à la postérité,
    Tels abus méritent censure.
Le fait d'Alaciel est d'une autre nature.
Je me suis écarté de mon original :
On en pourra gloser, on pourra me mécroire ;
    Tout cela n'est pas un grand mal :
    Alaciel et sa mémoire
Ne sçauroient gueres perdre à tout ce changement.
J'ai suivi mon auteur en deux points seulement ;
    Points qui font véritablement
    Le plus important de l'histoire.
L'un est que par huit mains Alaciel passa
    Avant que d'entrer dans la bonne ;
L'autre, que son fiancé ne s'en embarassa ;
    Ayant peut-être en sa personne

De quoi négliger ce point-là.
Quoi qu'il en soit, la belle en ses traverses,
Accidens, fortunes diverses,
Eut beaucoup à souffrir, beaucoup à travailler;
Changea huit fois de chevalier.
Il ne faut pas pour cela qu'on l'accuse :
Ce n'étoit après tout que bonne intention,
Gratitude, ou compassion,
Crainte de pis, honnête excuse.
Elle n'en plut pas moins aux yeux de son fiancé :
Veuve de huit galans, il la prit pour pucelle;
Et dans son erreur par la belle
Apparemment il fut laissé.
Qu'on y puisse être pris, la chose est toute claire,
Mais après huit, c'est une étrange affaire :
Je me rapporte de cela
A quiconque a passé par-là.
ZAIR, soudan d'Alexandrie,
Aima sa fille Alaciel
Un peu plus que sa propre vie.
Aussi ce qu'on se peut figurer sous le ciel
De bon, de beau, de charmant et d'aimable,
D'accommodant, j'y mets encor ce point,
La rendoit d'autant estimable;
En cela je n'augmente point.

Au bruit qui couroit d'elle en toutes ces provinces,
Mamolin, roi de Garbe, en devint amoureux.
Il la fit demander, et fut assez heureux
      Pour l'emporter sur d'autres princes.
La belle aimoit déjà; mais on n'en sçavoit rien.
Filles de sang royal ne se déclarent gueres :
Tout se passe en leur cœur; cela les fâche bien,
Car elles sont de chair, ainsi que les bergeres.
Hispal, jeune seigneur de la cour du Soudan,
Bien fait, plein de mérite, honneur de l'Alcoran,
Plaisoit fort à la dame, et d'un commun martyre
     Tous deux bruloient, sans oser se le dire;
Ou, s'ils se le disoient, ce n'étoit que des yeux.
Comme ils en étoient là, l'on accorda la belle.
Il fallut se résoudre à partir de ces lieux.
Zaïr fit embarquer son amant avec elle :
S'en fier à quelque autre, eût peut-être été mieux.
Après huit jours de traite, un vaisseau de corsaires
      Ayant pris le dessus du vent,
  Les attaqua; le combat fut sanglant :
Chacun des deux partis y fit mal ses affaires.
  Les assaillans, faits aux combats de mer,
Etoient les plus experts en l'art de massacrer;
Joignoient l'adresse au nombre. Hispal par sa vaillance
      Tenoit les choses en balance :

Vingt corsaires pourtant monterent sur son bord.
      Grifonio le gigantesque
    Conduisoit l'horreur et la mort,
      Avecque cette soldatesque.
Hispal en un moment se vit environné.
Maint corsaire sentit son bras déterminé;
De ses yeux il sortoit des éclairs et des flâmes.
Cependant qu'il étoit au combat acharné,
Grifonio courut à la chambre des femmes :
Il sçavoit que l'infante étoit dans ce vaisseau;
Et l'ayant destinée à ses plaisirs infâmes,
    Il l'emportoit comme un moineau.
Mais la charge pour lui n'étant pas suffisante,
    Il prit aussi la cassette aux bijoux,
    Aux diamans, aux témoignages doux
      Que reçoit et garde une amante :
      Car quelqu'un m'a dit, entre nous,
Qu'Hispal en ce voyage avoit fait à l'infante
Un aveu dont d'abord elle parut contente,
Faute d'avoir le temps de s'en mettre en courroux.
Le malheureux corsaire emportant cette proye
      N'en eut pas long-temps de la joye :
    Un des vaisseaux, quoiqu'il fût accroché,
      S'étant quelque peu détaché,
Comme Grifonio passoit d'un bord à l'autre,

Un pied sur son navire, un sur celui d'Hispal,
Le héros d'un revers coupe en deux l'animal.
Part du tronc tombe en l'eau, disant sa patenôtre,
Et reniant Mahom, Jupin et Tarvagant,
Avec maint autre Dieu non moins extravagant ;
Part demeure sur pieds, en la même posture.
    On auroit ri de l'aventure.
Si la belle avec lui n'eût tombé dedans l'eau.
Hispal se jette après : l'un et l'autre vaisseau,
Mal-mené du combat et privé de pilote,
    Au gré d'Eole et de Neptune flote.
La mort fit lâcher prise au géant pourfendu :
L'Infante par sa robe en tombant soutenue,
    Fut bien-tôt d'Hispal secourue.
Nager vers les vaisseaux eût été temps perdu ;
    Ils étoient presque à demi-mille :
    Ce qu'il jugea de plus facile
    Fut de gagner certains rochers,
Qui d'ordinaire étoient la perte des nochers,
Et furent le salut d'Hispal et de l'infante.
Aucuns ont assuré, comme chose constante,
Que même du péril la cassette échappa ;
    Qu'à des cordons étant pendue,
    La belle après soi la tira :
    Autrement elle étoit perdue.

Notre nageur avoit l'infante sur son dos.
Le premier roc gagné, non pas sans quelque peine,
La crainte de la faim suivit celle des flots;
Nul vaisseau ne parut sur la liquide plaine.
  Le jour s'acheve, il se passe une nuit;
Point de vaisseau près d'eux par le hazard conduit;
   Point de quoi manger sur ces roches :
   Voilà notre couple réduit
A sentir de la faim les premieres approches.
Tous deux privés d'espoir, d'autant plus malheureux,
   Qu'aimés aussi bien qu'amoureux,
Ils perdoient doublement en leur mésaventure.
Après s'être long-temps regardés sans parler :
Hispal, dit la princesse, il se faut consoler;
Les pleurs ne peuvent rien près de la parque dure.
Nous n'en mourrons pas moins; mais il dépend de nous
   D'adoucir l'aigreur de ses coups;
C'est tout ce qui nous reste en ce malheur extrême.
Se consoler! dit-il, le peut-on quand on aime?
Ah! si... mais non, madame, il n'est pas à propos
   Que vous aimiez, vous seriez trop à plaindre.
Je brave à mon égard et la faim et les flots;
Mais, jettant l'œil sur vous, je trouve tout à craindre.
La princesse à ces mots ne se put plus contraindre :
   Pleurs de couler, soupirs d'être poussés,

Regards d'être au ciel adressés,
Et puis sanglots, et puis soupirs encore.
En ce même langage Hispal lui repartit,
Tant qu'enfin un baiser suivit :
S'il fut pris ou donné, c'est ce que l'on ignore.
Après force vœux impuissans,
Le héros dit : Puisqu'en cette aventure
Mourir nous est chose si sûre,
Qu'importe que nos corps des oiseaux ravissans
Ou des monstres marins deviennent la pâture?
Sépulture pour sépulture,
La mer est égale à mon sens :
Qu'attendons-nous ici qu'une fin languissante?
Seroit-il point plus à propos
De nous abandonner aux flots?
J'ai de la force encor; la côte est peu distante;
Le vent y pousse; essayons d'approcher;
Passons de rocher en rocher;
J'en vois beaucoup où je puis prendre haleine.
Alaciel s'y résolut sans peine.
Les revoilà sur l'onde ainsi qu'auparavant,
La cassette en lesse suivant,
Et le nageur poussé du vent,
De roc en roc portant la belle :
Façon de naviguer nouvelle.

Avec l'aide du ciel et de ces reposoirs,
Et du Dieu qui préside aux liquides manoirs,
Hispal, n'en pouvant plus de faim, de lassitude,
    De travail et d'inquiétude,
      Non pour lui, mais pour ses amours,
      Après avoir jeûné deux jours,
      Prit terre à la dixième traite,
      Lui, la princesse et la cassette.
Pourquoi, me dira-t-on, nous ramener toujours
    Cette cassette? Est-ce une circonstance
      Qui soit de si grande importance?
Oui, selon mon avis; on va voir si j'ai tort.
      Je ne prens point ici l'essor
      Ni n'affecte de railleries;
      Si j'avois mis nos gens à bord,
      Sans argent et sans pierreries,
      Seroient-ils pas demeurés court?
      On ne vit ni d'air ni d'amour :
      Les amans ont beau dire et faire,
Il en faut revenir toujours au nécessaire.
La cassette y pourvut avec maint diamant :
Hispal vendit les uns, mit les autres en gages,
Fit achat d'un château le long de ces rivages.
Ce château, dit l'histoire, avoit un parc fort grand;
    Ce parc, un bois; ce bois, de beaux ombrages;

Sous ces ombrages nos amans
Passoient d'agréables momens.
Voyez combien voilà de choses enchaînées,
Et par la cassette amenées.
Or au fond de ce bois un certain antre étoit,
Sourd et muet, et d'amoureuse affaire,
Sombre sur-tout; la nature sembloit
L'avoir mis là, non pour autre mystere.
Nos deux amans se promenant un jour,
Il arriva que ce fripon d'Amour
Guida leurs pas vers ce lieu solitaire.
Chemin faisant, Hispal expliquoit ses desirs,
Moitié par ses discours, moitié par ses soupirs,
Plein d'une ardeur impatiente :
La princesse écoutoit incertaine et tremblante.
Nous voici, disoit-il, en un bord étranger,
Ignorés du reste des hommes;
Profitons-en; nous n'avons à songer
Qu'aux douceurs de l'amour, en l'état où nous sommes.
Qui vous retient? on ne sçait seulement
Si nous vivons : peut-être en ce moment
Tout le monde nous croit au corps d'une baleine.
Ou favorisez votre amant,
Ou qu'à votre époux il vous mene.
Mais pourquoi vous mener? vous pouvez rendre heureux

Celui dont vous avez éprouvé la constance.
 Qu'attendez-vous pour soulager ses feux?
  N'est-il pas assez amoureux,
Et n'avez-vous point fait assez de résistance?
   Hispal haranguoit de façon
   Qu'il auroit échauffé des marbres;
Tandis qu'Alaciel, à l'aide d'un poinçon,
  Faisoit semblant d'écrire sur les arbres.
   Mais l'amour la faisoit rêver,
   A d'autres choses qu'à graver
   Des caracteres sur l'écorce.
Son amant et le lieu l'assuroient du secret :
  C'étoit une puissante amorce.
  Elle résistoit à regret;
Le printemps par malheur étoit lors en sa force :
  Jeunes cœurs sont bien empêchés
  A tenir leurs desirs cachés,
  Etant pris par tant de manieres.
Combien en voyons-nous se laisser pas à pas
  Ravir jusqu'aux faveurs dernieres,
  Qui dans l'abord ne croyoient pas
  Pouvoir accorder les premieres!
Amour, sans qu'on y pense, amene ces instans.
  Mainte fille a perdu ses gants,
  Et femme au partir s'est trouvée,

Qui ne sçait la plûpart du temps
Comme la chose est arrivée.
Près de l'antre venus, notre amant proposa
D'entrer dedans; la belle s'excusa :
Mais malgré soi, déjà presque vaincue,
Les services d'Hispal en ce même moment
Lui reviennent devant la vue;
Ses jours sauvés des flots, son honneur d'un géant.
Que lui demandoit son amant?
Un bien dont elle étoit à sa valeur tenue.
Il vaut mieux, disoit-il, vous en faire un ami,
Que d'attendre qu'un homme à la mine hagarde
Vous le vienne enlever; madame, songez-y :
L'on ne sçait pour qui l'on le garde.
L'infante à ces raisons se rendant à demi,
Une pluie acheva l'affaire;
Il fallut se mettre à l'abri,
Je laisse à penser où. Le reste du mystere
Au fond de l'antre est demeuré.
Que l'on la blâme ou non; je sais plus d'une belle
A qui le fait est arrivé
Sans en avoir moitié d'autant d'excuses qu'elle,
L'antre ne les vit seul de ces douceurs jouir :
Rien ne coute en amour que la premiere peine.
Si les arbres parloient, il feroit bel ouir

Ceux de ce bois ; car la forêt n'est pleine
Que des monumens amoureux
Qu'Hispal nous a laissés, glorieux de sa proie.
On y verroit écrit : « Ici pâma de joie
« Des mortels le plus heureux.
« Là mourut un amant sur le sein de sa dame.
« En cet endroit, mille baisers de flâme
« Furent donnés, et mille autres rendus. »
Le parc diroit beaucoup, le château beaucoup plus,
Si châteaux avoient une langue.
La chose en vint au point que, las de tant d'amour,
Nos amans à la fin regretterent la cour.
La belle s'en ouvrit, et voici sa harangue :
Vous m'êtes cher, Hispal ; j'aurois du déplaisir
Si vous ne pensiez pas que toujours je vous aime.
Mais qu'est-ce qu'un amour sans crainte et sans desir ?
Je vous le demande à vous-même :
Ce sont des feux bien-tôt passés,
Que ceux qui ne sont point dans leur cours traversés ;
Il y faut un peu de contrainte.
Je crains fort qu'à la fin ce séjour si charmant
Ne nous soit un désert, et puis un monument :
Hispal, ôtez-moi cette crainte.
Allez-vous-en voir promptement
Ce qu'on croira de moi dedans Alexandrie,

Quand on sçaura que nous sommes en vie.
  Déguisez bien notre séjour :
Dites que vous venez préparer mon retour,
Et faire qu'on m'envoye une escorte si sûre
  Qu'il n'arrive plus d'aventure.
  Croyez-moi, vous n'y perdrez rien :
  Trouvez seulement le moyen
  De me suivre en ma destinée,
  Ou de fillage, ou d'hyménée ;
  Et tenez pour chose assurée
  Que, si je ne vous fais du bien,
  Je serai de près éclairée.
  Que ce fût ou non son dessein,
Pour se servir d'Hispal, il falloit tout promettre.
Dès qu'il trouve à propos de se mettre en chemin,
L'infante pour Zaïr le charge d'une lettre.
Il s'embarque, il fait voile, il vogue, il a bon vent ;
Il arrive à la cour, où chacun lui demande,
  S'il est mort, s'il est vivant,
  Tant la surprise fut grande ;
En quels lieux est l'infante, enfin ce qu'elle fait.
  Dès qu'il eut à tout satisfait,
 On fit partir une escorte puissante.
Hispal fut retenu, non qu'on eût en effet
  Le moindre soupçon de l'infante.

Le chef de cette escorte étoit jeune et bien-fait.
Abordé près du parc, avant tout il partage
    Sa troupe en deux, laisse l'une au rivage,
    Va droit avec l'autre au château.
La beauté de l'infante étoit beaucoup accrue :
Il en devint épris à la première vue,
Mais tellement épris qu'attendant qu'il fît beau,
Pour ne point perdre temps, il lui dit sa pensée.
    Elle s'en tint fort offensée,
    Et l'avertit de son devoir.
Témoigner en tels cas un peu de désespoir
    Est quelquefois une bonne recette.
C'est ce que fait notre homme; il forme le dessein
    De se laisser mourir de faim.
Car de se poignarder, la chose est trop tôt faite :
    On n'a pas le temps d'en venir
    Au repentir.
D'abord Alaciel rioit de sa sottise.
Un jour se passe entier, lui sans cesse jeûnant,
    Elle toujours le détournant
    D'une si terrible entreprise.
    Le second jour commence à la toucher :
    Elle rêve à cette aventure.
Laisser mourir un homme, et pouvoir l'empêcher,
    C'est avoir l'ame un peu trop dure.

Par pitié donc, elle condescendit
    Aux volontés du capitaine,
    Et cet office lui rendit
Gaiement, de bonne grace, et sans montrer de peine;
Autrement le reméde eût été sans effet.
Tandis que le galant se trouve satisfait,
    Et remet les autres affaires,
  Disant tantôt que les vents sont contraires;
  Tantôt qu'il faut radouber ses galeres,
    Pour être en état de partir;
    Tantôt qu'on vient de l'avertir
    Qu'il est attendu des corsaires,
Un corsaire en effet arrive et, surprenant
    Ses gens demeurés à la rade,
Les tue, et va donner au château l'escalade;
Du fier Grifonio c'étoit le lieutenant.
    Il prend le château d'emblée :
    Voilà la fête troublée,
    Le jeûneur maudit son sort.
    Le corsaire apprend d'abord
    L'aventure de la belle;
    Et, la tirant à l'écart,
    Il en veut avoir sa part.
    Elle fit fort la rebelle :
    Il ne s'en étonna pas,

N'étant novice en tel cas.
Le mieux que vous puissiez faire,
Lui dit tout franc ce corsaire,
C'est de m'avoir pour ami ;
Je suis corsaire et demi.
Vous avez fait jeûner un pauvre misérable,
Qui se mouroit pour vous d'amour :
Vous jeûnerez à votre tour,
Ou vous me serez favorable.
La justice le veut : nous autres gens de mer
Sçavons rendre à chacun selon ce qu'il mérite.
Attendez-vous de n'avoir à manger
Que quand de ce côté vous aurez été quitte :
Ne marchandez point tant, Madame, et croyez-moi.
Qu'eût fait Alaciel ? force n'a point de loi.
S'accommoder à tout est chose nécessaire :
Ce qu'on ne voudroit pas, souvent il le faut faire,
Quand il plait au destin que l'on en vienne là.
Augmenter sa souffrance est une erreur extrême.
Si par pitié d'autrui la belle se força,
Que ne point essayer par pitié de soi-même ?
Elle se force donc, et prend en gré le tout :
Il n'est affliction dont on ne vienne à bout.
Si le corsaire eût été sage,
Il eût mené l'infante en un autre rivage.

Sage en amour? helas! il n'en est point.
Tandis que celui-ci croit avoir tout à point,
    Vent pour partir, lieu propre pour attendre,
Fortune, qui ne dort que lorsque nous veillons,
        Et veille quand nous sommeillons,
       Lui trame en secret cet esclandre.
Le seigneur d'un château voisin de celui-ci,
        Homme fort ami de la joie,
      Sans nulle attache, et sans souci
Que de chercher toujours quelque nouvelle proie,
        Ayant eu le vent des beautés,
        Perfections, commodités,
      Qu'en sa voisine on disoit être,
Ne songeoit nuit et jour qu'à s'en rendre le maître.
Il avoit des amis, de l'argent, du crédit,
      Pouvoit assembler deux mille hommes;
Il les assemble donc un beau jour, et leur dit :
    Souffrirons-nous, braves gens que nous sommes,
Qu'un pirate à nos yeux se gorge de butin?
Qu'il traite comme esclave une beauté divine?
       Allons tirer notre voisine
      D'entre les griffes du mâtin.
      Que ce soir chacun soit en armes,
Mais doucement, et sans donner d'alarmes;
      Sous les auspices de la nuit,

Nous pourrons nous rendre sans bruit
Au pied de ce château dès la petite pointe
        Du jour.
    La surprise, à l'ombre étant jointe,
Nous rendra sans hazard maîtres de ce séjour.
Pour ma part du butin, je ne veux que la dame :
Non pas pour en user ainsi que ce voleur;
    Je me sens un desir en l'ame
De lui restituer ses biens et son honneur.
Tout le reste est à vous, hommes, chevaux, bagage,
Vivres, munitions, enfin tout l'équipage
    Dont ces brigands ont empli la maison.
    Je vous demande encore un don :
C'est qu'on pende aux crénaux haut et court le corsaire.
      Cette harangue militaire
      Leur sçut tant d'ardeur inspirer,
Qu'il en fallut une autre afin de modérer
      Le trop grand desir de bien faire.
Chacun repait. Le soir étant venu,
    L'on mange peu, l'on boit en récompense.
    Quelques tonneaux sont mis sur cu.
    Pour avoir fait cette dépense,
    Il s'est gagné plusieurs combats,
    Tant en Allemagne qu'en France.
    Ce seigneur donc n'y manqua pas,

Et ce fut un trait de prudence.
Mainte échelle est portée, et point d'autre embarras;
　　Point de tambours, force bons coutelas :
　　On part sans bruit, on arrive en silence.
　　　　L'orient venoit de s'ouvrir;
C'est un temps où le somme est dans sa violence,
Et qui par sa fraîcheur nous contraint de dormir.
Du sommeil à la mort n'ayant qu'un pas à faire,
　　　　Presque tout le peuple corsaire,
　　　　Fut assommé sans le sentir.
　　Le chef pendu, l'on amene l'infante.
　　　　Son peu d'amour pour le voleur,
　　　　Sa surprise et son épouvante,
Et les civilités de son libérateur
Ne lui permirent pas de répandre des larmes.
Sa priere sauva la vie à quelques gens;
Elle plaignit les morts, consola les mourans;
Puis quitta sans regret ces lieux remplis d'alarmes.
　　　On dit même qu'en peu de temps
　　　　　Elle perdit la mémoire
　　　　　De ses deux derniers galants;
　　　　　Je n'ai pas peine à le croire.
Son voisin la reçut en un appartement
　　Tout brillant d'or et meublé richement.
On peut s'imaginer l'ordre qu'il y fit mettre :

Nouvel hôte et nouvel amant,
Ce n'étoit pas pour rien omettre.
Grande chere sur-tout, et des vins fort exquis :
Les dieux ne sont pas mieux servis.
Alaciel, qui de sa vie,
Selon sa loi, n'avoit bu vin,
Gouta ce soir, par compagnie,
De ce breuvage si divin.
Elle ignoroit l'effet d'une liqueur si douce,
Insensiblement fit carrousse ;
Et comme amour jadis lui troubla la raison,
Ce fut lors un autre poison :
Tous deux sont à craindre des dames.
Alaciel mise au lit par ses femmes,
Ce bon seigneur s'en fut la trouver tout d'un pas.
Quoi trouver, dira-t-on, d'immobiles appas ?
Si j'en trouvois autant, je sçaurois bien qu'en faire,
Disoit l'autre jour un certain :
Qu'il me vienne une même affaire,
On verra si j'aurai recours à mon voisin.
Bacchus donc, et Morphée, et l'hôte de la belle,
Cette nuit disposerent d'elle.
Les charmes des premiers dissipés à la fin,
La princesse au sortir du somme
Se trouva dans les bras d'un homme.

La frayeur lui glaça la voix :
Elle ne put crier, et, de crainte saisie,
Permit tout à son hôte, et pour une autrefois
    Lui laissa lier la partie.
Une nuit, lui dit-il, est de même que cent;
Ce n'est que la première à quoi l'on trouve à dire.
Alaciel le crut. L'hôte enfin se lassant
    Pour d'autres conquêtes soupire.
Il part un soir, prie un de ses amis
De faire cette nuit les honneurs du logis;
Prendre sa place, aller trouver la belle,
Pendant l'obscurité se coucher auprès d'elle,
Ne point parler; qu'il étoit fort aisé,
Et qu'en s'acquitant bien de l'emploi proposé,
L'infante assurément agréroit son service.
L'autre bien volontiers lui rendit cet office :
Le moyen qu'un ami puisse être refusé?
A ce nouveau venu la voilà donc en proie.
Il ne put sans parler contenir cette joie :
La belle se plaignit d'être ainsi leur jouet.
    Comment l'entend monsieur mon hôte,
Dit-elle, et de quel droit me donner comme il fait?
    L'autre confessa qu'en effet
    Ils avoient tort; mais que toute la faute
    Étoit au maître du logis.

Pour vous venger de son mépris,
Poursuivit-il, comblez-moi de caresses;
Enchérissez sur les tendresses
Que vous eutes pour lui, tant qu'il fut votre amant :
Aimez-moi par dépit et par ressentiment,
Si vous ne pouvez autrement.
Son conseil fut suivi, l'on poussa les affaires;
L'on se vengea, l'on n'omit rien.
Que si l'ami s'en trouva bien,
L'hôte ne s'en tourmenta gueres.
Et de cinq, si j'ai bien compté.
Le sixiéme incident des travaux de l'infante
Par quelques-uns est rapporté
D'une maniere différente.
Force gens concluront de-là,
Que d'un galant au moins je fais grace à la belle,
C'est médisance que cela :
Je ne voudrois mentir pour elle.
Son époux n'eut assurément
Que huit précurseurs seulement.
Poursuivons donc notre nouvelle.
L'hôte revint, quand l'ami fut content.
Alaciel, lui pardonnant,
Fit entr'eux les choses égales :
La clémence sied bien aux personnes royales.

Ainsi de main en main Alaciel passoit,
    Et souvent se divertissoit
    Aux menus ouvrages des filles
   Qui la servoient, toutes assez gentilles.
Elle en aimoit fort une, à qui l'on en contoit;
Et le conteur étoit un certain gentilhomme
   De ce logis, bien fait et galant homme,
    Mais violent dans ses desirs,
    Et grand ménager de soupirs,
Jusques à commencer près de la plus sévere,
    Par où l'on finit d'ordinaire.
Un jour au bout du parc le galant rencontra
    Cette fillette;
Et dans un pavillon fit tant qu'il l'attira
    Toute seulette.
   L'infante étoit fort près de là,
Mais il ne la vit point, et crut en assûrance
    Pouvoir user de violence.
Sa médisante humeur, grand obstacle aux faveurs,
   Peste d'amour et des douceurs
   Dont il tire sa subsistance,
Avoit de ce galant souvent grêlé l'espoir.
La crainte lui nuisoit autant que le devoir.
Cette fille l'auroit, selon toute apparence,
    Favorisé,

Si la belle eût osé.
Se voyant craint de cette sorte,
Il fit tant qu'en ce pavillon
Elle entra par occasion ;
Puis le galant ferme la porte :
Mais en vain, car l'infante avoit de quoi l'ouvrir.
La fille voit sa faute, et tâche de sortir.
Il la retient : elle crie, elle appelle.
L'infante vient, et vient comme il falloit,
Quand sur ses fins la demoiselle étoit.
Le galant, indigné de la manquer si belle,
Perd tout respect, et jure par les dieux,
Qu'avant que sortir de ces lieux,
L'une ou l'autre paira sa peine,
Quand il devroit leur attacher les mains.
Si loin de tous secours humains,
Dit-il, la résistance est vaine :
Tirez au sort, sans marchander ;
Je ne sçaurois vous accorder
Que cette grace ;
Il faut que l'une ou l'autre passe
Pour aujourd'hui.
Qu'a fait madame, dit la belle ?
Pâtira-t-elle pour autrui ?
Oui, si le sort tombe sur elle,

Dit le galant; prenez-vous-en à lui.
 Non non, reprit alors l'infante,
Il ne sera pas dit que l'on ait, moi présente,
 Violenté cette innocente :
Je me résous plutôt à toute extrémité.
 Ce combat plein de charité
 Fut par le sort à la fin terminé.
 L'infante en eut toute la gloire :
Il lui donna sa voix, à ce que dit l'histoire.
 L'autre sortit, et l'on jura
 De ne rien dire de cela.
Mais le galant se seroit laissé pendre,
Plutôt que de cacher un secret si plaisant;
Et, pour le divulguer, il ne voulut attendre
Que le temps qu'il falloit pour trouver seulement
 Quelqu'un qui le voulût entendre.
 Ce changement de favoris
 Devint à l'infante une peine;
 Elle eut regret d'être l'Hélene
 D'un si grand nombre de Pâris :
 Aussi l'amour se jouoit d'elle.
 Un jour entre autres que la belle
 Dans un bois dormoit à l'écart,
 Il s'y rencontra par hazard
Un chevalier errant, grand chercheur d'aventures,

De ces sortes de gens que sur des palefrois
   Les belles suivoient autrefois,
   Et passoient pour chastes et pures.
Celui-ci, qui donnoit à ses desirs l'essor,
Comme faisoient jadis Roger et Galaor,
   N'eut vu la princesse endormie,
Que de prendre un baiser il forma le dessein :
Tout prêt à faire choix de la bouche ou du sein,
Il étoit sur le point d'en passer son envie,
   Quand tout d'un coup il se souvint
   Des loix de la chevalerie.
   A ce penser il se retint,
   Priant toutesfois en son ame
   Toutes les puissances d'amour
   Qu'il pût courir en ce séjour
   Quelque aventure avec la dame.
L'infante s'éveilla, surprise au dernier point :
   Non non, dit-il, ne craignez point;
   Je ne suis géant ni sauvage,
Mais chevalier errant, qui rends graces aux dieux
   D'avoir trouvé dans ce bocage
Ce qu'à peine on pourroit rencontrer dans les cieux.
Après ce compliment, sans plus longue demeure,
Il lui dit en deux mots l'ardeur qui l'embrasoit;
   C'étoit un homme qui faisoit

Beaucoup de chemin en peu d'heure.
Le refrein fut d'offrir sa personne et son bras,
  Et tout ce qu'en semblables cas
   On a de coutume de dire
   A celles pour qui l'on soupire.
Son offre fut reçue, et la belle lui fit
   Un long roman de son histoire,
   Supprimant, comme l'on peut croire,
  Les six galants. L'aventurier en prit
   Ce qu'il crut à propos d'en prendre;
Et comme Alaciel de son sort se plaignit,
  Cet inconnu s'engagea de la rendre
Chez Zaïr, ou dans Garbe, avant qu'il fût un mois.
  Dans Garbe? non, reprit-elle, et pour cause :
   Si les dieux avoient mis la chose
   Jusques à présent à mon choix,
J'aurois voulu revoir Zaïr et ma patrie.
  Pourvu qu'Amour me prête vie,
Vous les verrez, dit-il. C'est seulement à vous
  D'apporter remède à vos coups,
  Et consentir que mon ardeur s'appaise :
  Si j'en mourois, à vos bontés ne plaise,
Vous demeureriez seule, et pour vous parler franc,
   Je tiens ce service assez grand
   Pour me flater d'une espérance

De récompense.
Elle en tomba d'accord, promit quelques douceurs,
      Convint d'un nombre de faveurs
      Qu'afin que la chose fût sûre
      Cette princesse lui pairoit,
      Non tout d'un coup, mais à mesure
      Que le voyage se feroit;
      Tant chaque jour, sans nulle faute.
      Le marché s'étant ainsi fait,
      La princesse en croupe se met,
      Sans prendre congé de son hôte.
      L'inconnu qui pour quelque temps
      S'étoit défait de tous ses gens,
Les rencontra bien-tôt. Il avoit dans sa troupe
Un sien neveu fort jeune, avec son gouverneur.
Notre héroïne prend, en descendant de croupe,
      Un palefroi : cependant le seigneur
      Marche toûjours à côté d'elle;
      Tantôt lui conte une nouvelle,
      Et tantôt lui parle d'amour,
      Pour rendre le chemin plus court.
Avec beaucoup de foi le traité s'exécute :
      Pas la moindre ombre de dispute;
Point de faute au calcul, non plus qu'entre marchands.
De faveur en faveur, ainsi comptoient ces gens,

Jusqu'au bord de la mer enfin ils arriverent,
    Et s'embarquerent.
  Cet élément ne leur fut pas moins doux,
Que l'autre avoit été; certain calme au contraire,
Prolongeant le chemin, augmenta le salaire.
  Sains et gaillards ils débarquerent tous
    Au port de Joppe, et là se rafraîchirent;
      Au bout de deux jours en partirent,
      Sans autre escorte que leur train :
      Ce fut aux brigands une amorce.
    Un gros d'Arabes, en chemin
Les ayant rencontrés, ils cédoient à la force :
Quand notre aventurier fit un dernier effort,
Repoussa les brigands, reçut une blessure
      Qui le mit dans la sépulture,
      Non sur le champ : devant sa mort
Il pourvut à la belle, ordonna du voyage,
En chargea son neveu, jeune homme de courage,
      Lui léguant par même moyen
Le surplus des faveurs, avec son équipage,
      Et tout le reste de son bien.
Quand on fut revenu de toutes ces alarmes,
Et que l'on eut versé certain nombre de larmes,
    On satisfit au testament du mort;
On paya les faveurs, dont enfin la derniere

Echut justement sur le bord
De la frontiere.
En cet endroit le neveu la quitta,
Pour ne donner aucun ombrage ;
Et le gouverneur la guida
Pendant le reste du voyage ;
Au soudan il la présenta.
D'exprimer ici la tendresse,
Ou pour mieux dire les transports,
Que témoigna Zaïr en voyant la princesse,
Il faudroit de nouveaux efforts ;
Et je n'en puis plus faire. Il est bon que j'imite
Phébus, qui sur la fin du jour
Tombe d'ordinaire si court,
Qu'on diroit qu'il se précipite.
Le gouverneur aimoit à se faire écouter :
Ce fut un passe-temps de l'entendre conter
Monts et merveilles de la dame,
Qui rioit sans doute en son ame.
Seigneur, dit le bon homme en parlant au soudan,
Hispal étant parti, madame incontinent,
Pour fuir oisiveté principe de tout vice,
Résolut de vacquer nuit et jour au service
D'un dieu qui chez ces gens a beaucoup de crédit.
Je ne vous aurois jamais dit

Tous ses temples et ses chapelles,
Nommés pour la plûpart alcoves et ruelles.
Là les gens pour idole ont un certain oiseau,
  Qui dans ses portraits est fort beau,
  Quoiqu'il n'ait des plumes qu'aux aîles.
  Au contraire des autres dieux,
  Qu'on ne sert que quand on est vieux,
  La jeunesse lui sacrifie.
 Si vous sçaviez l'honnête vie
Qu'en le servant menoit madame Alaciel,
  Vous beniriez cent fois le ciel
De vous avoir donné fille tant accomplie.
Au reste en ces païs on vit d'autre façon
 Que parmi vous : les belles vont et viennent;
  Point d'eunuques qui les retiennent;
Les hommes en ces lieux ont tous barbe au menton.
Madame dès l'abord s'est faite à leur méthode,
  Tant elle est de facile humeur;
  Et je puis dire à son honneur
  Que de tout elle s'accommode.
Zaïr étoit ravi. Quelques jours écoulés,
La princesse partit pour Garbe en grande escorte :
Les gens qui la suivoient furent tous régalés
 De beaux présens; et d'une amour si forte
Cette belle toucha le cœur de Mamolin,

Qu'il ne se tenoit pas. On fit un grand festin,
    Pendant lequel ayant belle audience,
Alaciel conta tout ce qu'elle voulut,
    Dit les mensonges qu'il lui plut.
Mamolin et sa cour écoutoient en silence.
La nuit vint : on porta la reine dans son lit.
    A son honneur elle en sortit :
    Le prince en rendit témoignage.
    Alaciel, à ce qu'on dit,
    N'en demandoit pas davantage.
Ce conte nous apprend que beaucoup de maris,
Qui se vantent de voir fort clair en leurs affaires,
N'y viennent bien souvent qu'après les favoris,
Et tout sçavans qu'ils sont ne s'y connoissent gueres.
Le plus sûr toutesfois est de se bien garder,
    Craindre tout, ne rien hazarder.
Filles, maintenez-vous : l'affaire est d'importance.
Rois de Garbe ne sont oiseaux communs en France.
Vous voyez que l'hymen y suit l'accord de près.
    C'est là l'un des plus grands secrets
    Pour empêcher les aventures.
Je tiens vos amitiés fort chastes et fort pures;
Mais Cupidon alors fait d'étranges leçons.
    Rompez-lui toutes ses mesures :
Pourvoyez à la chose aussi bien qu'aux soupçons.

Ne m'allez point conter, c'est le droit des garçons :
Les garçons, sans ce droit, ont assez où se prendre.
Si quelqu'une pourtant ne s'en pouvoit défendre,
Le reméde sera de rire en son malheur.
    Il est bon de garder sa fleur ;
Mais, pour l'avoir perdue, il ne se faut pas pendre.

LA COUPE ENCHANTÉE

NOUVELLE TIRÉE DE L'ARIOSTE

ES maux les plus cruels ne sont que des chansons,
Près de ceux qu'aux maris cause la jalousie.
Figurez-vous un fou chez qui tous les soupçons
  Sont bien venus, quoi qu'on lui die.
Il n'a pas un moment de repos en sa vie.
Si l'oreille lui tinte, ô Dieux! tout est perdu;
Ses songes sont toujours que l'on le fait cocu.
 Pourvu qu'il songe, c'est l'affaire :
Je ne vous voudrois pas un tel point garantir;
  Car pour songer il faut dormir,
  Et les jaloux ne dorment guere.
Le moindre bruit éveille un mari soupçonneux :
Qu'alentour de sa femme une mouche bourdonne,
  C'est Cocuage qu'en personne
  Il a vu de ses propres yeux,
Si bien vu que l'erreur n'en peut être effacée.
Il veut à toute force être au nombre des sots;
Il se maintient cocu, du moins de la pensée,
  S'il ne l'est en chair et en os.
Pauvres gens, dites-moi, qu'est-ce que Cocuage?

Quel tort vous fait-il, quel dommage?
Qu'est-ce enfin que ce mal, dont tant de gens de bien
　　　　Se moquent avec juste cause?
　　　　Quand on l'ignore, ce n'est rien;
　　　　Quand on le sçait, c'est peu de chose.
Vous croyez cependant que c'est un fort grand cas :
Tâchez donc d'en douter, et ne ressemblez pas
A celui-là qui but dans la coupe enchantée.
　　　　Profitez du malheur d'autrui.
Si cette histoire peut soulager votre ennui,
　　　　Je vous l'aurai bientôt contée.
　　　　Mais je vous veux premierement
　　　　Prouver par bon raisonnement
Que ce mal, dont la peur vous mine et vous consume,
N'est mal qu'en votre idée, et non point dans l'effet.
　　　　En mettez-vous votre bonnet
　　　　Moins aisément que de coutume?
　　　　Cela s'en va-t-il pas tout net?
Voyez-vous qu'il en reste une seule apparence,
Une tache qui nuise à vos plaisirs secrets?
Ne retrouvez-vous pas toujours les mêmes traits?
Vous appercevez-vous d'aucune différence?
　　　　Je tire donc ma conséquence,
Et dis, malgré le peuple ignorant et brutal,
　　　　Cocuage n'est point un mal.

Oui : mais l'honneur est une étrange affaire.
Qui vous soutient que non ? ai-je dit le contraire ?
Hé bien, l'honneur, l'honneur ; je n'entens que ce mot.
Apprenez qu'à Paris ce n'est pas comme à Rome :
Le cocu qui s'afflige y passe pour un sot ;
Et le cocu qui rit, pour un fort honnête homme.
Quand on prend comme il faut cet accident fatal,
      Cocuage n'est point un mal.
Prouvons que c'est un bien : la chose est très-facile.
Tout vous rit ; votre femme est souple comme un gant,
Et vous pourriez avoir vingt mignonnes en ville,
Qu'on n'en sonneroit pas deux mots en tout un an.
    Quand vous parlez, c'est dit notable :
    On vous met le premier à table ;
    C'est pour vous la place d'honneur,
    Pour vous le morceau du seigneur ;
Heureux qui vous le sert ! la blondine chiorme,
Afin de vous gagner, n'épargne aucun moyen ;
Vous êtes le patron : donc je conclus en forme,
      Cocuage est un bien.
Quand vous perdez au jeu, l'on vous donne revanche ;
Même votre homme écarte et ses as et ses rois.
Avez-vous sur les bras quelque monsieur Dimanche ?
Mille bourses vous sont ouvertes à la fois.
Ajoûtez que l'on tient votre femme en haleine ;

Elle n'en vaut que mieux, n'en a que plus d'appas.
Ménélas rencontra des charmes dans Hélene,
Qu'avant qu'être à Pâris la belle n'avoit pas.
Ainsi de votre épouse; on veut qu'elle vous plaise.
Qui dit prude au contraire, il dit laide ou mauvaise,
Incapable en amour d'apprendre jamais rien.
Pour toutes ces raisons je persiste en ma thèse :
  Cocuage est un bien.
Si ce prologue est long, la matiere en est cause ;
Ce n'est pas en passant qu'on traite cette chose.
Venons à notre histoire. Il étoit un quidant
Dont je tairai le nom, l'état et la patrie :
  Celui-ci, de peur d'accident,
   Avoit juré que de sa vie
Femme ne lui seroit autre que bonne amie,
Nimphe, si vous voulez, bergere, et cétéra ;
Pour épouse, jamais il n'en vint jusques-là.
S'il eut tort ou raison, c'est un point que je passe.
Quoi qu'il en soit, hymen n'ayant pu trouver grace
  Devant cet homme, il fallut que l'amour
  Se mêlât seul de ses affaires,
Eût soin de le fournir des choses nécessaires,
  Soit pour la nuit, soit pour le jour.
Il lui procura donc les faveurs d'une belle,
  Qui d'une fille naturelle

Le fit pere, et mourut. Le pauvre homme en pleura,
    Se plaignit, gémit, soupira,
    Non comme qui perdroit sa femme :
Tel deuil n'est bien souvent que changement d'habits,
Mais comme qui perdroit tous ses meilleurs amis,
    Son plaisir, son cœur et son ame.
La fille crût, se fit ; on pouvoit déjà voir
    Hausser et baisser son mouchoir.
Le temps coule ; on n'est pas si-tôt à la bavette,
Qu'on trotte, qu'on raisonne ; on devient grandelette,
Puis grande tout à fait, et puis le serviteur.
    Le pere avec raison eut peur
    Que sa fille, chassant de race,
  Ne le prévînt, et ne prévînt encor
    Prêtre, notaire, hymen, accord,
Choses qui d'ordinaire ôtent toute la grace
    Au présent que l'on fait de soi.
    La laisser sur sa bonne foi,
    Ce n'étoit pas chose trop sûre.
    Il vous mit donc la créature
  Dans un couvent : là cette belle apprit
  Ce qu'on apprend, à manier l'aiguille.
    Point de ces livres qu'une fille
Ne lit qu'avec danger et qui gâtent l'esprit ;
Le langage d'amour étoit jargon pour elle.

On n'eût sçu tirer de la belle
Un seul mot que de sainteté :
En spiritualité,
Elle auroit confondu le plus grand personnage.
Si l'une des nonains la louoit de beauté :
Mon Dieu, fi! disoit-elle; ah! ma sœur, soyez sage;
Ne considérez point des traits qui périront;
C'est terre que cela, les vers le mangeront.
Au reste elle n'avoit au monde sa pareille
A manier un canevas,
Filoit mieux que Cloton, brodoit mieux que Pallas,
Tapissoit mieux qu'Arachne, et mainte autre merveille.
Sa sagesse, son bien, le bruit de ses beautés,
Mais le bien plus que tout y fit mettre la presse;
Car la belle étoit là comme en lieux empruntés,
Attendant mieux, ainsi que l'on y laisse
Les bons partis, qui vont souvent
Au moûtier sortant du couvent.
Vous saurez que le père avoit long-temps devant
Cette fille légitimée.
Caliste, c'est le nom de notre renfermée,
N'eut pas la clef des champs qu'adieu les livres saints.
Il se présenta des blondins,
De bons bourgeois, des paladins,
Des gens de tous états, de tout poil, de tout âge.

La belle en choisit un, bien-fait, beau personnage,
    D'humeur commode, à ce qu'il lui sembla;
Et pour gendre aussi-tôt le pere l'agréa.
    La dot fut ample, ample fut le douaire :
La fille étoit unique, et le garçon aussi.
Mais ce ne fut pas là le meilleur de l'affaire;
        Les mariés n'avoient souci
        Que de s'aimer et de se plaire.
Deux ans de paradis s'étant passés ainsi,
        L'enfer des enfers vint ensuite.
Une jalouse humeur saisit soudainement
        Notre époux, qui fort sottement
S'alla mettre en l'esprit de craindre la poursuite
D'un amant qui, sans lui, se seroit morfondu.
        Sans lui le pauvre homme eût perdu
        Son temps à l'entour de la dame,
Quoique pour la gagner il tentât tout moyen.
Que doit faire un mari, quand on aime sa femme?
        Rien.
    Voici pourquoi je lui conseille
De dormir, s'il se peut, d'un et d'autre côté :
        Si le galant est écouté,
Vos soins ne feront pas qu'on lui ferme l'oreille;
Quant à l'occasion, cent pour une. Mais si
Des discours du blondin la belle n'a souci,

Vous le lui faites naître, et la chance se tourne.
    Volontiers où soupçon séjourne
    Cocuage séjourne aussi :
Damon, c'est notre époux, ne comprit pas ceci.
Je l'excuse et le plains, d'autant plus que l'ombrage
    Lui vint par conseil seulement ;
    Il eût fait un trait d'homme sage,
    S'il n'eût cru que son mouvement.
    Vous allez entendre comment.
      L'enchanteresse Nérie
      Fleurissoit lors, et Circé
      Au prix d'elle en diablerie
      N'eût été qu'à l'a, b, c ;
      Car Nérie eut à ses gages
      Les intendans des orages,
      Et tint le Destin lié.
      Les Zéphirs étoient ses pages ;
      Quant à ses valets de pied,
      C'étoient messieurs les Borées,
      Qui portoient par les contrées
      Ses mandats souventes-fois,
      Gens dispos, mais peu courtois.
      Avec toute sa science
Elle ne put trouver de reméde à l'amour :
Damon la captiva. Celle dont la puissance

ENCHANTÉE.

Eût arrêté l'astre du jour,
Brûle pour un mortel, qu'en vain elle souhaite
Posséder une nuit à son contentement.
Si Nérie eût voulu des baisers seulement,
   C'étoit une affaire faite ;
Mais elle alloit au point, et ne marchandoit pas.
   Damon, quoiqu'elle eût des appas,
Ne pouvoit se résoudre à fausser la promesse
   D'être fidèle à sa moitié,
    Et vouloit que l'enchanteresse
    Se tînt aux marques d'amitié.
Où sont-ils ces maris ? la race en est cessée ;
Et même je ne sçais si jamais on en vit.
L'histoire en cet endroit est, selon ma pensée,
   Un peu sujette à contredit.
L'hippogrife n'a rien qui me choque l'esprit,
   Non plus que la lance enchantée ;
Mais ceci, c'est un point qui d'abord me surprit.
Il passera pourtant, j'en ai fait passer d'autres :
Les gens d'alors étoient d'autres gens que les nôtres ;
   On ne vivoit pas comme on vit.
Pour venir à ses fins, l'amoureuse Nérie
   Employa philtres et brevets,
Eut recours aux regards remplis d'afféterie,
   Enfin n'omit aucuns secrets.

Damon à ces ressorts opposoit l'hyménée;
   Nérie en fut fort étonnée.
Elle lui dit un jour : Votre fidelité
Vous paroît héroïque et digne de louange,
Mais je voudrois sçavoir comment de son côté
   Caliste en use, et lui rendre le change.
Quoi donc! si votre femme avoit un favori,
Vous feriez l'homme chaste auprès d'une maîtresse?
Et pendant que Caliste, attrapant son mari,
Pousseroit jusqu'au bout ce qu'on nomme tendresse,
   Vous n'iriez qu'à moitié chemin?
   Je vous croyois beaucoup plus fin,
- Et ne vous tenois pas homme de mariage.
Laissez les bons bourgeois se plaire en leur ménage;
C'est pour eux seuls qu'hymen fit les plaisirs permis.
Mais vous, ne pas chercher ce qu'amour a d'exquis!
Les plaisirs défendus n'auront rien qui vous pique,
Et vous les bannirez de votre république!
Non, non, je veux qu'ils soient désormais vos amis.
   Faites-en seulement l'épreuve;
Ils vous feront trouver Caliste toute neuve,
   Quand vous reviendrez au logis.
Apprenez tout au moins : si votre femme est chaste,
   Je trouve qu'un certain Eraste
   Va chez vous fort assidûment,

Seroit-ce en qualité d'amant,
Reprit Damon, qu'Eraste nous visite?
Il est trop mon ami pour toucher ce point-là.
Votre ami tant qu'il vous plaira,
Dit Nérie honteuse et dépite ;
Caliste a des appas, Eraste a du mérite ;
Du côté de l'adresse il ne leur manque rien :
Tout cela s'accommode bien.
Ce discours porta coup, et fit songer notre homme.
Une épouse fringante et jeune, et dans son feu,
Et prenant plaisir à ce jeu
Qu'il n'est pas besoin que je nomme ;
Un personnage expert aux choses de l'amour,
Hardi comme un homme de cour,
Bien-fait, et promettant beaucoup de sa personne ;
Où Damon jusqu'alors avoit-il mis ses yeux?
Car d'amis, moquez-vous ; c'est une bagatelle.
En est-il de religieux,
Jusqu'à désemparer alors que la donzelle
Montre à demi son sein, sort du lit un bras blanc,
Se tourne, s'inquiete, et regarde un galant
En cent façons, de qui la moins friponne
Veut dire : il y fait bon ; l'heure du berger sonne ;
Etes-vous sourd? Damon a dans l'esprit
Que tout cela s'est fait, du moins qu'il s'est pu faire.

Sur ce beau fondement, le pauvre homme bâtit
        Maint ombrage et mainte chimère.
        Nérie en a bien-tôt le vent,
        Et pour tourner en certitude
        Le soupçon et l'inquiétude
Dont Damon s'est coeffé si malheureusement,
        L'enchanteresse lui propose
        Une chose :
        C'est de se frotter le poignet
D'une eau dont les sorciers ont trouvé le secret,
Et qu'ils appellent l'eau de la Métamorphose,
        Ou des miracles, autrement.
        Cette drogue, en moins d'un moment
Lui donneroit d'Eraste et l'air et le visage,
        Et le maintien, et le corsage,
Et la voix ; et Damon, sous ce feint personnage,
Pourroit voir si Caliste en viendroit à l'effet.
        Damon n'attend pas davantage.
Il se frotte, il devient l'Eraste le mieux fait
        Que la nature ait jamais fait.
        En cet état il va trouver sa femme,
Met la fleurette au vent ; et, cachant son ennui,
        Que vous êtes belle aujourd'hui !
        Lui dit-il. Qu'avez-vous, madame,
Qui vous donne cet air d'un vrai jour de printemps ?

Caliste, qui sçavoit les propos des amans,
    Tourna la chose en raillerie.
    Damon changea de batterie :
    Pleurs et soupirs furent tentés,
    Et pleurs et soupirs rebutés.
Caliste étoit un roc, rien n'émouvoit la belle.
Pour derniere machine, à la fin notre époux
Proposa de l'argent, et la somme fut telle
    Qu'on ne s'en mit point en courroux :
    La quantité rend excusable,
    Caliste enfin l'inexpugnable
    Commença d'écouter raison.
Sa chasteté plia : car comment tenir bon
    Contre ce dernier adversaire?
Si tout ne s'ensuivit, il ne tint qu'à Damon ;
    L'argent en auroit fait l'affaire.
    Et quelle affaire ne fait point
Ce bien-heureux métal, l'argent maître du monde?
Soyez beau, bien-disant ; ayez perruque blonde ;
    N'omettez un seul petit point ;
Un financier viendra, qui sous votre moustache
Enlevera la belle ; et dès le premier jour
    Il fera présent du panache ;
Vous languirez encore après un an d'amour.
L'argent sçut donc fléchir ce cœur inexorable ;

Le rocher disparut, un mouton succéda,
    Un mouton qui s'accommoda
A tout ce qu'on voulut, mouton doux et traitable,
Mouton qui, sur le point de ne rien refuser,
    Donna pour arrhes un baiser.
L'époux ne voulut pas pousser plus loin la chose,
Ni de sa propre honte être lui-même cause.
Il reprit donc sa forme, et dit à sa moitié :
Ah! Caliste autrefois de Damon si chérie,
Caliste que j'aimai cent fois plus que ma vie,
Caliste qui m'aimas d'une ardente amitié,
L'argent t'est-il plus cher qu'une union si belle?
Je devrois dans ton sang éteindre ce forfait :
Je ne puis, et je t'aime encor toute infidelle;
Ma mort seule expiera le tort que tu m'as fait.
Notre épouse, voyant cette métamorphose,
Demeura bien surprise; elle dit peu de chose :
    Les pleurs furent son seul recours.
    Le mari passa quelques jours
    A raisonner sur cette affaire :
    Un cocu se pouvoit-il faire
Par la volonté seule, et sans venir au point?
    L'étoit-il? ne l'étoit-il point?
Cette difficulté fut encore éclaircie
    Par Nérie.

Si vous êtes, dit-elle, en doute de cela,
    Buvez dans cette coupe-là.
On la fit par tel art que, dès qu'un personnage
    Duement atteint de cocuage
Y veut porter la lèvre, aussi-tôt tout s'en va :
Il n'en avale rien, et répand le breuvage
Sur son sein, sur sa barbe et sur son vêtement.
Que s'il n'est point censé cocu suffisamment,
    Il boit tout, sans répandre goute.
    Damon, pour éclaircir son doute,
Porte la lèvre au vase : il ne se répand rien.
C'est, dit-il, reconfort; et pourtant je sçais bien
Qu'il n'a tenu qu'à moi. Qu'ai-je affaire de coupe ?
    Faites-moi place en votre troupe,
Messieurs de la grand'bande. Ainsi disoit Damon,
Faisant à sa femelle un étrange sermon.
Misérables humains, si pour des cocuages
Il faut en ces païs faire tant de façon,
    Allons-nous-en chez les sauvages.
Damon, de peur de pis, établit des Argus
A l'entour de sa femme, et la rendit coquette.
    Quand les galants sont défendus,
    C'est alors que l'on les souhaite.
Le malheureux époux s'informe, s'inquiete,
Et de tout son pouvoir court au devant d'un mal

Que la peur bien souvent rend aux hommes fatal.
De quart d'heure en quart d'heure il consulte la tasse.
   Il y boit huit jours sans disgrace;
   Mais à la fin il y boit tant
   Que le breuvage se répand.
Ce fut bien-là le comble. O science fatale!
Science que Damon eût bien fait d'éviter!
Il jette de fureur cette coupe infernale;
Lui-même est sur le point de se précipiter.
Il enferme sa femme en une tour quarrée,
Lui va soir et matin reprocher son forfait;
Cette honte qu'auroit le silence enterrée
Court le païs, et vit du vacarme qu'il fait.
Caliste cependant mene une triste vie.
Comme on ne lui laissoit argent ni pierrerie,
Le geolier fut fidele, elle eut beau le tenter.
   Enfin la pauvre malheureuse
Prend son temps que Damon, plein d'ardeur amoureuse,
   Étoit d'humeur à l'écouter.
J'ai, dit-elle, commis un crime inexcusable :
Mais quoi! suis-je la seule? hélas non; peu d'époux
Sont exempts, ce dit-on, d'un accident semblable :
Que le moins entaché se moque un peu de vous.
   Pourquoi donc être inconsolable?
Hé bien, reprit Damon, je me consolerai,

Et même vous pardonnerai,
Tout incontinent que j'aurai
Trouvé de mes pareils une telle légende
Qu'il s'en puisse former une armée assez grande
Pour s'appeller royale. Il ne faut qu'employer
Le vase qui me sçut vos secrets révéler.
Le mari, sans tarder exécutant la chose,
Attire les passans, tient table en son château.
Sur la fin des repas à chacun il propose
L'essai de cette coupe, essai rare et nouveau.
Ma femme, leur dit-il, m'a quitté pour un autre ;
Voulez-vous sçavoir si la vôtre
Vous est fidelle ? Il est quelquefois bon
D'apprendre comme tout se passe à la maison.
En voici le moyen : buvez dans cette tasse.
Si votre femme de sa grace
Ne vous donne aucun suffragant,
Vous ne répandrez nullement ;
Mais si du dieu nommé Vulcan
Vous suivez la banniere, étant de nos confreres
En ces redoutables mysteres,
De part et d'autre la boisson
Coulera sur votre menton.
Autant qu'il s'en rencontre à qui Damon propose
Cette pernicieuse chose,

Autant en font l'essai ; presque tous y sont pris.
Tel en rit, tel en pleure ; et, selon les esprits,
    Cocuage en plus d'une sorte
    Tient sa morgue parmi ces gens.
    Déjà l'armée est assez forte
    Pour faire corps et battre aux champs.
    La voilà tantôt qui menace
    Gouverneurs de petite place,
    Et leur dit qu'ils seront pendus
    Si de tenir ils ont l'audace ;
Car pour être royale il ne lui manque plus
    Que peu de gens : c'est une affaire
    Que deux ou trois mois peuvent faire.
    Le nombre croît de jour en jour
    Sans que l'on batte le tambour.
Les différens degrés où monte cocuage
    Reglent le pas et les emplois :
Ceux qu'il n'a visités seulement qu'une fois
    Sont fantassins pour tout potage ;
    On fait les autres cavaliers.
    Quiconque est de ses familiers,
    On ne manque pas de l'élire
    Ou capitaine, ou lieutenant ;
    Ou l'on lui donne un régiment,
    Selon qu'entre les mains du sire

Ou plus ou moins subitement
La liqueur du vase s'épand.
Un versa tout en un moment :
Il fut fait général. Et croyez que l'armée
De hauts officiers ne manqua :
Plus d'un intendant se trouva ;
Cette charge fut partagée.
Le nombre des soldats étant presque complet,
Et plus que suffisant pour se mettre en campagne,
Renaud, neveu de Charlemagne,
Passe par ce château ; l'on l'y traite à souhait :
Puis le seigneur du lieu lui fait
Même harangue qu'à la troupe.
Renaud dit à Damon : Grand merci de la coupe.
Je crois ma femme chaste, et cette foi suffit.
Quand la coupe me l'aura dit,
Que m'en reviendra-t-il ? cela sera-t-il cause
De me faire dormir de plus que des deux yeux ?
Je dors d'autant, graces aux dieux :
Puis-je demander autre chose ?
Que sçais-je ? par hasard si le vin s'épandoit ?
Si je ne tenois pas votre vase assez droit ?
Je suis quelquefois mal-adroit :
Si cette coupe enfin me prenoit pour un autre ?
Messire Damon, je suis vôtre ;

Commandez-moi tout, hors ce point.
Ainsi Renaud partit, et ne hazarda point.
Damon dit : Celui-ci, messieurs, est bien plus sage
Que nous n'avons été ; consolons-nous pourtant :
Nous avons des pareils, c'est un grand avantage.
    Il s'en rencontra tant et tant
Que, l'armée à la fin royale devenue,
Caliste eut liberté, selon le convenant,
    Par son mari chere tenue
    Tout de même qu'auparavant.
    Époux, Renaud vous montre à vivre ;
    Pour Damon, gardez de le suivre.
Peut-être le premier eût eu charge de l'ost ;
Que sçait-on? Nul mortel, soit Roland, soit Renaud,
Du danger de répandre exempt ne se peut croire :
Charlemagne lui-même auroit eu tort de boire.

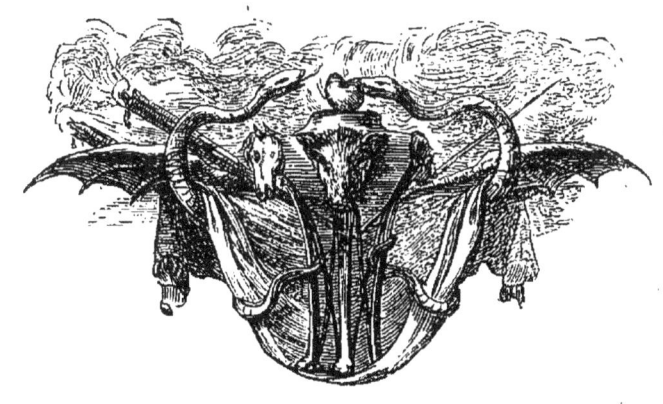

LE FAUCON

NOUVELLE TIRÉE DE BOCACE

Je me souviens d'avoir damné jadis
L'amant avare, et je ne m'en dédis.
Si la raison des contraires est bonne,
Le libéral doit être en paradis :
Je m'en rapporte à messieurs de Sorbonne.
Il étoit donc autrefois un amant
Qui dans Florence aima certaine femme.
Comment aimer ? c'étoit si follement,
Que pour lui plaire il eût vendu son âme.
S'agissoit-il de divertir la dame ?
A pleines mains il vous jettoit l'argent,
Sçachant très-bien qu'en amour comme en guerre
On ne doit plaindre un métal qui fait tout,
Renverse murs, jette portes par terre,
N'entreprend rien dont il ne vienne à bout,
Fait taife chiens, et, quand il veut, servantes,
Et quand il veut les rend plus éloquentes
Que Cicéron, et mieux persuadantes;

Bref ne voudroit avoir laissé debout
Aucune place, et tant forte fût-elle.
Si laissa-t-il sur ses pieds notre belle :
Elle tint bon ; Fédéric échoua
Près de ce roc, et le nez s'y cassa ;
Sans fruit aucun vendit et fricassa
Tout son avoir, comme l'on pourroit dire
Belles comtés, beaux marquisats de Dieu,
Qu'il possédoit en plus et plus d'un lieu.
Avant qu'aimer, on l'appeloit messire
A longue queue ; enfin, grace à l'amour,
Il ne fut plus que messire tout court.
Rien ne resta qu'une ferme au pauvre homme,
Et peu d'amis ; même amis, Dieu sçait comme.
Le plus zélé de tous se contenta,
Comme chacun, de dire : C'est dommage !
Chacun le dit, et chacun s'en tint-là.
Car de prêter, à moins que sur bon gage,
Point de nouvelle : on oublia les dons,
Et le mérite, et les belles raisons
De Fédéric, et sa premiere vie.
Le protestant de madame Clitie
N'eut du crédit qu'autant qu'il eut du fonds.
Tant qu'il dura, le bal, la comédie
Ne manqua point à cet heureux objet :

De maints tournois elle fut le sujet ;
Faisant gagner marchands de toutes guises,
Faiseurs d'habits et faiseurs de devises,
Musiciens, gens du sacré valon.
Fédéric eut à sa table Apollon.
Femme n'étoit ni fille dans Florence
Qui n'employât pour débaucher le cœur
Du cavalier, l'une un mot suborneur,
L'autre un coup d'œil, l'autre quelqu'autre avance ;
Mais tout cela ne faisoit que blanchir :
Il aimoit mieux Clitie inexorable
Qu'il n'auroit fait Hélene favorable.
Conclusion, qu'il ne la put fléchir.
Or, en ce train de dépense effroyable,
Il envoya les marquisats au diable
Premierement ; puis en vint aux comtés,
Titres par lui plus qu'aucuns regrettés,
Et dont alors on faisoit plus de compte :
De-là les monts chacun veut être comte,
Ici marquis, baron peut-être ailleurs.
Je ne sçais pas lesquels sont les meilleurs ;
Mais je sçais bien qu'avecque la patente
De ces beaux noms on s'en aille au marché,
L'on reviendra comme on étoit allé ;
Prenez le titre, et laissez-moi la rente.

Clitie avoit aussi beaucoup de bien ;
Son mari même étoit grand terrien.
Ainsi jamais la belle ne prit rien,
Argent ni dons, mais souffrit la dépense
Et les cadeaux, sans croire pour cela
Être obligée à nulle récompense.
S'il m'en souvient, j'ai dit qu'il ne resta
Au pauvre amant rien qu'une métairie,
Chétive encore, et pauvrement bâtie.
Là, Frédéric alla se confiner,
Honteux qu'on vît sa misere à Florence,
Honteux encor de n'avoir sçu gagner,
Ni par amour, ni par magnificence,
Ni par six ans de devoirs et de soins,
Une beauté qu'il n'en aimoit pas moins.
Il s'en prenoit à son peu de mérite,
Non à Clitie : elle n'ouit jamais,
Ni pour froideurs, ni pour autres sujets,
Plainte de lui ni grande ni petite.
Notre amoureux subsista comme il put
Dans sa retraite, où le pauvre homme n'eut
Pour le servir qu'une vieille édentée,
Cuisine froide et fort peu fréquentée,
A l'écurie un cheval assez bon,
Mais non pas fin ; sur la perche un faucon,

Dont à l'entour de cette métairie
Défunt marquis s'en alloit, sans valets,
Sacrifiant à sa mélancolie
Mainte perdrix, qui, las! ne pouvoit mais
Des cruautés de madame Clitie.
Ainsi vivoit le malheureux amant :
Sage s'il eût, en perdant sa fortune,
Perdu l'amour qui l'alloit consumant.
Mais de ses feux la mémoire importune
Le talonnoit : toujours un double ennui
Alloit en croupe à la chasse avec lui.
Mort vint saisir le mari de Clitie.
Comme ils n'avoient qu'un fils pour tous enfans,
Fils n'ayant pas pour un pouce de vie,
Et que l'époux, dont les biens étoient grands,
Avoit toujours considéré sa femme,
Par testament il déclare la dame
Son héritiére, arrivant le décès
De l'enfançon, qui peu de temps après
Devint malade. On sçait que d'ordinaire
A ses enfans mere ne sçait que faire
Pour leur montrer l'amour qu'elle a pour eux :
Zèle souvent aux enfans dangereux.
Celle-ci, tendre et fort passionnée,
Autour du sien est toute la journée,

Lui demandant ce qu'il veut, ce qu'il a;
S'il mangeroit volontiers de cela;
Si ce jouet, enfin si cette chose
Est à son gré. Quoi que l'on lui propose,
Il le refuse, et, pour toute raison,
Il dit qu'il veut seulement le faucon
De Fédéric, pleure et mene une vie
A faire gens de bon cœur détester.
Ce qu'un enfant a dans la fantaisie,
Incontinent il faut l'exécuter,
Si l'on ne veut l'ouir toujours crier.
Or il est bon de sçavoir que Clitie,
A cinq cens pas de cette métairie
Avoit du bien, possédoit un château :
Ainsi l'enfant avoit pu de l'oiseau
Ouir parler. On en disoit merveilles,
On en contoit des choses nompareilles :
Que devant lui jamais une perdrix
Ne se sauvoit, et qu'il en avoit pris
Tant ce matin, tant cette après-dinée.
Son maître n'eût donné pour un trésor
Un tel faucon. Qui fut bien empêchée?
Ce fut Clitie. Aller ôter encor
A Fédéric l'unique et seule chose
Qui lui restoit! Et supposé qu'elle ose

LE FAUCON.

Lui demander ce qu'il a pour tout bien,
Auprès de lui méritoit-elle rien ?
Elle l'avoit payé d'ingratitude :
Point de faveurs, toujours hautaine et rude
En son endroit. De quel front s'en aller
Après cela le voir et lui parler,
Ayant été cause de sa ruine ?
D'autre côté, l'enfant s'en va mourir,
Refuse tout, tient tout pour médecine.
Afin qu'il mange, il faut l'entretenir
De ce faucon ; il se tourmente, il crie :
S'il n'a l'oiseau, c'en est fait de sa vie.
Ces raisons-ci l'emporterent enfin.
Chez Fédéric la dame, un beau matin,
S'en va sans suite et sans nul équipage.
Fédéric prend pour un ange des cieux
Celle qui vient d'apparoître à ses yeux ;
Mais cependant il a honte, il enrage
De n'avoir pas chez soi pour lui donner
Tant seulement un malheureux diner.
Le pauvre état où la dame le treuve
Le rend confus. Il dit donc à la veuve :
Quoi ! venir voir le plus humble de ceux
Que vos beautés ont rendus amoureux !
Un villageois, un haire, un misérable !

C'est trop d'honneur; votre bonté m'accable :
Assurément vous alliez autre part.
A ce propos notre veuve repart :
Non, non, Seigneur, c'est pour vous la visite;
Je viens manger avec vous ce matin.
Je n'ai, dit-il, cuisinier ni marmite :
Que vous donner? N'avez-vous pas du pain?
Reprit la dame. Incontinent lui-même
Il va chercher quelque œuf au poulailler,
Quelque morceau de lard en son grenier.
Le pauvre amant, en ce besoin extrême,
Voit son faucon, sans raisonner le prend,
Lui tord le cou, le plume, le fricasse,
Et l'assaisonne, et court de place en place.
Tandis la vieille a soin du demeurant;
Fouille au bahu, choisit pour cette fête
Ce qu'ils avoient de linge plus honnête;
Met le couvert, va cueillir au jardin
Du serpolet, un peu de romarin,
Cinq ou six fleurs, dont la table est jonchée.
Pour abreger, on sert la fricassée.
La dame en mange, et feint d'y prendre goût.
Le repas fait, cette femme résout
De hazarder l'incivile requête,
Et parle ainsi : Je suis folle, Seigneur,

De m'en venir vous arracher le cœur,
Encore un coup, il ne m'est guère honnête
De demander à mon défunt amant
L'oiseau qui fait son seul contentement.
Doit-il pour moi s'en priver un moment?
Mais excusez une mere affligée :
Mon fils se meurt, il veut votre faucon.
Mon procédé ne mérite un tel don;
La raison veut que je sois refusée.
Je ne vous ai jamais accordé rien :
Votre repos, votre honneur, votre bien
S'en sont allés aux plaisirs de Clitie;
Vous m'aimiez plus que votre propre vie;
A cet amour j'ai très-mal répondu,
Et je m'en viens, pour comble d'injustice,
Vous demander... et quoi? c'est temps perdu,
Votre faucon. Mais non, plutôt périsse
L'enfant, la mere, avec le demeurant,
Que de vous faire un déplaisir si grand.
Souffrez sans plus que cette triste mere,
Aimant d'amour la chose la plus chere
Que jamais femme au monde puisse avoir,
Un fils unique, une unique espérance,
S'en vienne au moins s'acquitter du devoir
De la nature, et pour toute allégeance

En votre sein décharge sa douleur.
Vous sçavez bien par votre expérience
Que c'est d'aimer ; vous le sçavez, Seigneur :
Ainsi je crois trouver chez vous excuse.
Helas! reprit l'amant infortuné,
L'oiseau n'est plus : vous en avez diné.
L'oiseau n'est plus! dit la veuve confuse.
Non, reprit-il : plût au ciel vous avoir
Servi mon cœur, et qu'il eût pris la place
De ce faucon! Mais le sort me fait voir
Qu'il ne sera jamais en mon pouvoir
De mériter de vous aucune grace.
En mon paillier rien ne m'étoit resté :
Depuis deux jours la bête a tout mangé.
J'ai vu l'oiseau, je l'ai tué sans peine :
Rien coûte-t-il, quand on reçoit sa reine?
Ce que je puis pour vous est de chercher
Un bon faucon; ce n'est chose si rare
Que dès demain nous n'en puissions trouver.
Non, Fédéric, dit-elle; je déclare
Que c'est assez. Vous ne m'avez jamais
De votre amour donné plus grande marque.
Que mon fils soit enlevé par la Parque,
Ou que le ciel le rende à mes souhaits,
J'aurai pour vous de la reconnoissance.

LE FAUCON. 157

Venez me voir ; donnez-m'en l'espérance ;
Encore un coup, venez nous visiter.
Elle partit, non sans lui présenter
Une main blanche, unique témoignage
Qu'amour avoit amolli ce courage.
Le pauvre amant prit la main, la baisa,
Et de ses pleurs quelque temps l'arrosa.
Deux jours après, l'enfant suivit le pere.
Le deuil fut grand : la trop dolente mere
Fit dans l'abord forces larmes couler ;
Mais comme il n'est peine d'ame si forte
Qu'il ne s'en faille à la fin consoler,
Deux médecins la traitèrent de sorte
Que sa douleur eut un terme assez court :
L'un fut le Tems, et l'autre fut l'Amour.
On épousa Fédéric en grand' pompe,
Non seulement par obligation,
Mais, qui plus est, par inclination,
Par amour même. Il ne faut qu'on se trompe
A cet exemple, et qu'un pareil espoir
Nous fasse ainsi consumer notre avoir :
Femmes ne sont toutes reconnoissantes.
A cela près ce sont choses charmantes :
Sous le ciel n'est un plus bel animal.
Je n'y comprens le sexe en général ;

Loin de cela, j'en vois peu d'avenantes.
Pour celles-ci, quand elles sont aimantes,
J'ai les desseins du monde les meilleurs :
Les autres n'ont qu'à se pourvoir ailleurs.

LE PETIT CHIEN

QUI SECOUE DE L'ARGENT ET DES PIERRERIES

La clef du coffre-fort et des cœurs, c'est la même.
    Que si ce n'est celle des cœurs,
    C'est du moins celle des faveurs.
    Amour doit à ce stratagême
  La plus grand' part de ses exploits :
  A-t-il épuisé son carquois,
Il met tout son salut en ce charme suprême.
Je tiens qu'il a raison, car qui hait les présens ?
    Tous les humains en sont friands,
Princes, rois, magistrats : ainsi, quand une belle
    En croira l'usage permis,
Quand Vénus ne fera que ce que fait Thémis,
    Je ne m'écrierai pas contre elle :
    On a bien plus d'une querelle
    A lui faire sans celle-là.
Un juge mantouan belle femme épousa.
Il s'appeloit Anselme ; on la nommoit Argie :
Lui, déjà vieux barbon ; elle, jeune et jolie,
    Et de tous charmes assortie.
    L'époux, non content de cela.

Fit si bien par sa jalousie
Qu'il rehaussa de prix celle-là qui d'ailleurs
Méritoit de se voir servie
Par les plus beaux et les meilleurs.
Elle le fut aussi : d'en dire la maniere,
Et comment s'y prit chaque amant,
Il seroit long; suffit que cet objet charmant
Les laissa soupirer, et ne s'en émut guere.
Amour établissoit chez le juge ses loix;
Quand l'État mantouan, pour chose de grand poids,
Résolut d'envoyer ambassade au Saint-Pere.
Comme Anselme étoit juge, et de plus magistrat,
Vivoit avec assez d'éclat,
Et ne manquoit pas de prudence,
On le députe en diligence.
Ce ne fut pas sans résister
Qu'au choix qu'on fit de lui consentit le bon homme:
L'affaire était longue à traiter;
Il devoit demeurer dans Rome
Six mois, et plus encor; que sçavoit-il combien?
Tant d'honneur pouvoit nuire au conjugal lien.
Longue ambassade et long voyage
Aboutissent à cocuage.
Dans cette crainte notre époux
Fit cette harangue à la belle :

On nous sépare Argie : adieu, soyez fidelle
    A celui qui n'aime que vous.
      Jurez-le-moi ; car, entre nous,
      J'ai sujet d'être un peu jaloux.
      Que fait autour de notre porte
      Cette soupirante cohorte ?
      Vous me direz que jusqu'ici
      La cohorte a mal réussi.
Je le crois; cependant, pour plus grande assurance,
    Je vous conseille, en mon absence,
De prendre pour séjour notre maison des champs :
    Fuyez la ville et les amans,
        Et leurs présens ;
    L'invention en est damnable ;
Des machines d'amour c'est la plus redoutable ;
      De tout tems le monde a vu don
      Être le pere d'abandon.
Déclarez-lui la guerre, et soyez sourde, Argie,
    A sa sœur la cajolerie.
Dès que vous sentirez approcher les blondins,
Fermez vîte vos yeux, vos oreilles, vos mains.
Rien ne vous manquera : je vous fais la maitresse
De tout ce que le ciel m'a donné de richesse ;
Tenez, voilà les clefs de l'argent, des papiers ;
    Faites-vous payer des fermiers ;

Je ne vous demande aucun compte :
Suffit que je puisse sans honte
Apprendre vos plaisirs; je vous les permets tous,
Hors ceux d'amour, qu'à votre époux
Vous garderez entiers, pour son retour de Rome.
C'en étoit trop pour le bon-homme :
Hélas! il permettoit tous plaisirs, hors un point
Sans lequel seul il n'en est point.
Son épouse lui fit promesse solemnelle
D'être sourde, aveugle et cruelle,
Et de ne prendre aucun présent :
Il la retrouveroit au retour toute telle
Qu'il la laissoit en s'en allant,
Sans nul vestige de galant.
Anselme étant parti, tout aussi-tôt Argie
S'en alla demeurer aux champs;
Et tout aussi-tôt les amans
De l'aller voir firent partie.
Elle les renvoya; ces gens l'embarrassoient,
L'atiédissoient, l'affadissoient,
L'endormoient en contant leur flâme :
Ils déplaisoient tous à la dame,
Hormis certain jeune blondin,
Bien-fait, et beau par excellence;
Mais qui ne put par sa souffrance

Amener à son but cet objet inhumain.
Son nom, c'étoit Atis; son métier, paladin.
  Il ne plaignit en son dessein
  Ni les soupirs ni la dépense.
  Tout moyen par lui fut tenté.
Encor si des soupirs il se fût contenté,
  La source en est inépuisable;
  Mais de la dépense, c'est trop.
Le bien de notre amant s'en va le grand galop;
  Voilà mon homme misérable.
Que fait-il? Il s'éclipse, il part, il va chercher
  Quelque désert pour se cacher.
  En chemin il rencontre un homme,
Un manant qui, fouillant avecque son bâton,
Vouloit faire sortir un serpent d'un buisson.
  Atis s'enquit de la raison.
C'est, reprit le manant, afin que je l'assomme.
  Quand j'en rencontre sur mes pas,
  Je leur fais de pareilles fêtes.
Ami, reprit Atis, laisse-le; n'est-il pas
Créature de Dieu, comme les autres bêtes?
Il est à remarquer que notre paladin
N'avoit pas cette horreur commune au genre humain
Contre la gent reptile et toute son espece.
  Dans ses armes il en portoit,

Et de Cadmus il descendoit,
Celui-là qui devint serpent sur sa vieillesse.
Force fut au manant de quitter son dessein.
Le serpent se sauva. Notre amant à la fin
S'établit dans un bois écarté, solitaire :
Le silence y faisoit sa demeure ordinaire,
    Hors quelque oiseau qu'on entendoit,
    Et quelque écho qui répondoit.
    Là le bonheur et la misere
Ne se distinguoient point, égaux en dignité
Chez les loups qu'hébergeoit ce lieu peu fréquenté.
Atis n'y rencontra nulle tranquillité.
Son amour l'y suivit, et cette solitude,
Bien loin d'être un reméde à son inquiétude,
    En devint même l'aliment,
Par le loisir qu'il eut d'y plaindre son tourment.
Il s'ennuia bien-tôt de ne plus voir sa belle.
Retournons, se dit-il, puisque c'est notre sort :
    Atis, il t'est plus doux encor
    De la voir ingrate et cruelle,
    Que d'être privé de ses traits.
    Adieu ruisseaux, ombrages frais,
    Chants amoureux de Philomele;
Mon inhumaine seule attire à soi mes sens :
Éloigné de ses yeux, je ne vois ni n'entends.

L'esclave fugitif se va remettre encore
En ses fers, quoique durs, mais hélas ! trop chéris.
Il approchoit des murs qu'une fée a bâtis,
Quand sur les bords du Mince, à l'heure que l'Aurore
Commence à s'éloigner du séjour de Thétis,
    Une nimphe en habit de reine,
Belle, majestueuse, et d'un regard charmant,
Vint s'offrir tout d'un coup aux yeux du pauvre amant
    Qui rêvoit alors à sa peine.
Je veux, dit-elle, Atis, que vous soyez heureux :
Je le veux, je le puis, étant Manto la fée,
    Votre amie et votre obligée.
    Vous connoissez ce nom fameux.
Mantoue en tient le sien. Jadis en cette terre,
    J'ai posé la premiere pierre
De ces murs, en durée égaux aux bâtimens
Dont Memphis voit le Nil laver les fondemens.
La Parque est inconnue à toutes mes pareilles :
    Nous opérons mille merveilles ;
Malheureuses pourtant de ne pouvoir mourir,
Car nous sommes d'ailleurs capables de souffrir
Toute l'infirmité de la nature humaine.
Nous devenons serpens un jour de la semaine.
    Vous souvient-il qu'en ce lieu-ci
    Vous en tirâtes un de peine ?

C'étoit moi qu'un manant s'en alloit assommer;
   Vous me donnates assistance :
   Atis, je veux, pour récompense,
   Vous procurer la jouissance
   De celle qui vous fait aimer.
Allons-nous-en la voir; je vous donne assûrance
   Qu'avant qu'il soit deux jours de temps,
   Vous gagnerez par vos présens
   Argie et tous ses surveillans.
Dépensez, dissipez, donnez à tout le monde;
   A pleines mains répandez l'or;
Vous n'en manquerez point : c'est pour vous le trésor
Que Lucifer me garde en sa grotte profonde.
Votre belle sçaura quel est notre pouvoir.
Même, pour m'approcher de cette inexorable
   Et vous la rendre favorable,
   En petit chien vous m'allez voir,
   Faisant mille tours sur l'herbette;
Et vous, en pélerin jouant de la musette,
Me pourrez à ce son mener chez la beauté
   Qui tient votre cœur enchanté.
Aussi-tôt fait que dit : notre amant et la fée
   Changeant de forme en un instant,
Le voilà pélerin, chantant comme un Orphée,
Et Manto, petit chien, faisant tours et sautant.

LE PETIT CHIEN. 167

   Ils vont au château de la belle.
Valets et gens du lieu s'assemblent autour d'eux :
Le petit chien fait rage, aussi fait l'amoureux ;
Chacun danse, et Guillot fait sauter Perronnelle.
Madame entend ce bruit, et sa nourrice y court.
On lui dit qu'elle vienne admirer à son tour
Le roi des épagneux, charmante créature,
   Et vrai miracle de nature.
Il entend tout, il parle, il danse, il fait cent tours :
   Madame en fera ses amours ;
Car, veuille ou non son maître, il faut qu'il le lui vende,
   S'il n'aime mieux le lui donner.
   La nourrice en fait la demande.
   Le pélerin, sans tant tourner,
Lui dit tout bas le prix qu'il veut mettre à la chose,
   Et voici ce qu'il lui propose.
Mon chien n'est point à vendre, à donner encor moins ;
   Il fournit à tous mes besoins :
   Je n'ai qu'à dire trois paroles,
Sa patte entre mes mains fait tomber à l'instant,
   Au lieu de puces, des pistoles,
Des perles, des rubis, avec maint diamant.
C'est un prodige enfin. Madame cependant
   En a, comme on dit, la monnoie.
   Pourvu que j'aie cette joie

De coucher avec elle, une nuit seulement,
Favori sera sien dès le même moment.
La proposition surprit fort la nourrice.
      Quoi, Madame l'Ambassadrice!
Un simple pélerin! Madame à son chevet
Pourroit voir un bourdon! et si l'on le sçavoit!
Si cette même nuit quelque hopital avoit
      Hébergé le chien et son maître!
Mais ce maître est bien-fait, et beau comme le jour :
      Cela fait passer en amour
      Quelque bourdon que ce puisse être.
Atis avait changé de visage et de traits.
On ne le connut pas; c'étoient d'autres attraits.
La nourrice ajoutoit : A gens de cette mine
      Comment peut-on refuser rien?
      Puis celui-ci posséde un chien
      Que le royaume de la Chine
      Ne pairoit pas de tout son or :
Une nuit de Madame aussi c'est un trésor.
      J'avois oublié de vous dire
Que le drôle à son chien feignit de parler bas;
      Il tombe aussi-tôt dix ducats
      Qu'à la nourrice offre le sire.
      Il tombe encore un diamant.
      Atis en riant le ramasse.

C'est, dit-il, pour Madame. Obligez-moi, de grace,
De le lui présenter, avec mon compliment.
    Vous direz à son Excellence
Que je lui suis acquis. La nourrice, à ces mots,
    Court annoncer en diligence
    Le petit chien et sa science,
    Le pélerin et son propos.
    Il ne s'en fallut rien qu'Argie
Ne battît sa nourrice. Avoir l'effronterie
De lui mettre en l'esprit une telle infamie !
Avec qui ? Si c'étoit encor le pauvre Atis !
Hélas ! mes cruautés sont cause de sa perte.
Il ne me proposa jamais de tels partis.
Je n'aurois pas d'un roi cette chose soufferte,
    Quelque don que l'on pût m'offrir,
Et d'un porte-bourdon je la pourrois souffrir,
    Moi qui suis une ambassadrice !
    Madame, reprit la nourrice,
    Quand vous seriez impératrice,
    Je vous dis que ce pélerin
A de quoi marchander, non pas une mortelle,
    Mais la déesse la plus belle.
    Atis, votre beau paladin,
Ne vaut pas seulement un doigt du personnage.
    Mais mon mari m'a fait jurer.

Eh quoi? de lui garder la foi de mariage?
Bon, jurer! ce serment vous lie-t-il davantage
Que le premier n'a fait? Qui l'ira déclarer?
Qui le sçaura? J'en vois marcher tête levée,
Qui n'iroient pas ainsi, j'ose vous l'assûrer,
Si sur le bout du nez tache pouvoit montrer
  Que telle chose est arrivée :
  Cela nous fait-il empirer
D'un ongle ou d'un cheveu? Non, Madame; il faut être
  Bien habile pour reconnoître
Bouche ayant employé son temps et ses appas,
D'avec bouche qui s'est tenue à ne rien faire.
  Donnez-vous, ne vous donnez pas,
  Ce sera toujours même affaire.
Pour qui ménagez-vous les trésors de l'amour?
Pour celui qui, je crois, ne s'en servira guere :
Vous n'aurez pas grand'peine à fêter son retour.
  La fausse vieille sçut tant dire,
Que tout se réduisit seulement à douter
Des merveilles du chien et des charmes du sire :
  Pour cela l'on les fit monter.
  La belle étoit au lit encore :
  L'univers n'eut jamais d'aurore
  Plus paresseuse à se lever.
Notre fin pélerin traversa la ruelle,

LE PETIT CHIEN.

Comme un homme ayant vu d'autres gens que des saints.
Son compliment parut galant et des plus fins :
    Il surprit et charma la belle.
    Vous n'avez pas, ce lui dit-elle,
    La mine de vous en aller
    A Saint-Jacques de Compostelle.
    Cependant, pour la régaler,
    Le chien à son tour entre en lice.
    On eût vu sauter Favori
    Pour la dame et pour la nourrice;
    Mais point du tout pour le mari.
    Ce n'est pas tout; il se secoue :
    Aussi-tôt perles de tomber,
    Nourrice de les ramasser,
    Soubrettes de les enfiler,
    Pélerin de les attacher
    A de certains bras dont il loue
La blancheur et le reste. Enfin il fait si bien,
    Qu'avant que partir de la place,
    On traite avec lui de son chien.
On lui donne un baiser pour arrhes de la grace
    Qu'il demandoit, et la nuit vint.
    Aussi-tôt que le drôle tint
    Entre ses bras madame Argie,
Il redevint Atis. La dame en fut ravie.

C'étoit avec bien plus d'honneur
Traiter monsieur l'Ambassadeur.
Cette nuit eut des sœurs, et même en très-bon nombre.
Chacun s'en apperçut ; car d'enfermer sous l'ombre
  Une telle aise, le moyen ?
  Jeunes gens font-ils jamais rien
  Que le plus aveugle ne voie ?
A quelques mois de-là, le Saint-Pere renvoie
  Anselme avec force pardons,
  Et beaucoup d'autres menus dons.
Les biens et les honneurs pleuvoient sur sa personne.
De son vice-gérent il apprend tous les soins :
  Bons certificats des voisins :
  Pour les valets, nul ne lui donne
  D'éclaircissement sur cela.
  Monsieur le juge interrogea
  La nourrice avec les soubrettes,
  Sages personnes et discrettes ;
  Il n'en put tirer ce secret.
  Mais, comme parmi les femelles
  Volontiers le diable se met,
  Il survint de telles querelles,
La dame et la nourrice eurent de tels débats,
  Que celle-ci ne manqua pas
A se venger de l'autre, et déclarer l'affaire.

Dût-elle aussi se perdre, il fallut tout conter.
D'exprimer jusqu'où la colere
Ou plutôt la fureur de l'époux put monter,
Je ne tiens pas qu'il soit possible;
Ainsi je m'en tairai : on peut par les effets
Juger combien Anselme étoit homme sensible.
Il choisit un de ses valets,
Le charge d'un billet, et mande que Madame
Vienne voir son mari malade en la cité :
La belle n'avoit point son village quitté.
L'époux alloit, venoit, et laissoit là sa femme.
Il te faut en chemin écarter tous ses gens,
Dit Anselme au porteur de ses ordres pressans.
La perfide a couvert mon front d'ignominie ;
Pour satisfaction je veux avoir sa vie.
Poignarde-la ; mais prens ton temps :
Tâche de te sauver ; voilà pour ta retraite ;
Prens cet or : si tu fais ce qu'Anselme souhaite
Et punis cette offense-là,
Quelque part que tu sois, rien ne te manquera.
Le valet va trouver Argie,
Qui par son chien est avertie.
Si vous me demandez comme un chien avertit,
Je crois que par la jupe il tire ;
Il se plaint, il jappe, il soupire,

Il en veut à chacun ; pour peu qu'on ait d'esprit,
    On entend bien ce qu'il veut dire.
Favori fit bien plus, et tout bas il apprit
    Un tel péril à sa maîtresse :
Partez pourtant, dit-il ; on ne vous fera rien :
Reposez-vous sur moi ; j'en empêcherai bien
    Ce valet à l'ame traîtresse.
Ils étoient en chemin, près d'un bois qui servoit
    Souvent aux voleurs de refuge :
Le ministre cruel des vengeances du juge
Envoie un peu devant le train qui les suivoit,
    Puis il dit l'ordre qu'il avoit.
La dame disparoît aux yeux du personnage :
    Manto la cache en un nuage.
Le valet étonné retourne vers l'époux,
Lui conte le miracle, et son maître en courroux
Va lui-même à l'endroit. O prodige ! ô merveille !
Il y trouve un palais de beauté sans pareille.
Une heure auparavant, c'étoit un champ tout nu.
    Anselme, à son tour éperdu,
Admire ce palais bâti non pour des hommes,
    Mais apparemment pour des dieux :
Appartements dorés, meubles très-précieux,
    Jardins et bois délicieux ;
On aurait peine à voir en ce siècle où nous sommes

Chose si magnifique et si riante aux yeux.
  Toutes les portes sont ouvertes,
  Les chambres sans hôte, et désertes;
Pas un ame en ce Louvre, excepté qu'à la fin
Un More très-lippu, très-hideux, très-vilain,
S'offre aux regards du juge, et semble la copie
  D'un Ésope d'Éthiopie.
  Notre magistrat l'ayant pris
  Pour le balayeur du logis,
Et croyant l'honorer lui donnant cet office :
Cher ami, lui dit-il, apprens-nous à quel dieu
  Appartient un tel édifice;
  Car de dire un roi, c'est trop peu.
  Il est à moi, reprit le More.
Notre juge à ces mots se prosterne et l'adore,
Lui demande pardon de sa témérité.
Seigneur, ajouta-t-il, que votre déité
  Excuse un peu mon ignorance.
Certes tout l'univers ne vaut pas la chevance
Que je rencontre ici. Le More lui répond :
  Veux-tu que je t'en fasse un don ?
De ces lieux enchantés je te rendrai le maître.
  A certaine condition.
  Je ne ris point; tu pourras être
  De ces lieux absolu seigneur,

Si tu me veux servir deux jours d'enfant d'honneur,
　　　Entens-tu ce langage,
　　　Et sçais-tu quel est ce usage?
　　　Il te le faut expliquer mieux.
Tu connois l'échanson du monarque des dieux?

ANSELME.

Ganimede?

LE MORE.

　　　Celui-là même.
Prens que je sois Jupin, le monarque suprême,
　　　Et que tu sois le jouvenceau :
Tu n'es pas tout-à-fait si jeune ni si beau.

ANSELME.

Ah! seigneur, vous raillez ; c'est chose par trop sûre:
Regardez la vieillesse et la magistrature.

LE MORE.

Moi railler? point du tout.

ANSELME.

　　　Seigneur.

LE MORE.

　　　　　　Ne veux-tu point?

ANSELME.

Seigneur... Anselme, ayant examiné ce point,
　　　Consent à la fin au mystere.
Maudit amour des dons, que ne fais-tu pas faire!

En page incontinent son habit est changé ;
Toque au lieu de chapeau, haut-de-chausse troussé ;
La barbe seulement demeure au personnage.
L'enfant d'honneur Anselme avec cet équipage
Suit le More par-tout. Argie avoit ouï
Le dialogue entier, en certain coin cachée.
Pour le More lippu, c'étoit Manto la Fée,
  Par son art métamorphosée,
  Et par son art ayant bâti
Ce Louvre en un moment, par son art fait un page
Sexagénaire et grave. A la fin au passage
D'une chambre en une autre, Argie à son mari
Se montre tout d'un coup : Est-ce Anselme, dit-elle,
  Que je vois ainsi déguisé !
Anselme ! il ne se peut ; mon œil s'est abusé.
Le vertueux Anselme à la sage cervelle
Me voudroit-il donner une telle leçon ?
C'est lui pourtant. Oh, oh ! monsieur notre barbon,
Notre législateur, notre homme d'ambassade,
Vous êtes à cet âge homme de mascarade ?
Homme de... la pudeur me défend d'achever.
Quoi, vous jugez les gens à mort pour mon affaire,
  Vous qu'Argie a pensé trouver
  En un fort plaisant adultere !
Du moins n'ai-je pas pris un More pour galant :

Tout me rend excusable : Atis et son mérite,
   Et la qualité du présent.
   Vous verrez tout incontinent
Si femme qu'un tel don à l'amour sollicite
   Peut résister un seul moment.
More, devenez chien. Tout aussi-tôt le More
   Redevient petit chien encore.
Favori, que l'on danse. A ces mots Favori
   Danse, et tend la patte au mari.
   Qu'on fasse tomber des pistoles;
   Pistoles tombent à foison.
Eh bien, qu'en dites-vous? sont-ce choses frivoles?
   C'est de ce chien qu'on m'a fait don.
   Il a bâti cette maison.
Puis faites-moi trouver au monde une Excellence,
   Une Altesse, une Majesté,
   Qui refuse sa jouissance
   A don de cette qualité;
Sur-tout quand le donneur est bien-fait, et qu'il aime,
   Et qu'il mérite d'être aimé.
En échange du chien, l'on me vouloit moi-même:
Ce que vous possédez de trop, je l'ai donné.
Bien entendu, monsieur, suis-je chose si chere?
Vraiment, vous me croiriez bien pauvre ménagere
Si je laissois aller tel chien à ce prix-là.

Sçavez-vous qu'il a fait le Louvre que voilà?
Le Louvre pour lequel... mais oublions cela,
  Et n'ordonnez plus qu'on me tue,
Moi qu'Atis seulement en ses lacs a fait choir;
Je le donne à Lucrèce, et voudrois bien la voir
  Des mêmes armes combattue.
Touchez-la mon mari; la paix, car aussi bien
  Je vous défie, ayant ce chien;
Le fer ni le poison pour moi ne sont à craindre :
Il m'avertit de tout, il confond les jaloux;
Ne le soyez donc point : plus on veut nous contraindre,
  Moins on doit s'assûrer de nous.
Anselme accorda tout : qu'eût fait le pauvre sire?
  On lui promit de ne pas dire
Qu'il avoit été page. Un tel cas étant tu,
  Cocuage, s'il eût voulu,
  Auroit eu ses franches coudées.
Argie en rendit grace; et compensations
  D'une et d'autre part accordées,
On quitta la campagne à ces conditions.
Que devint le palais? dira quelque critique.
Le palais? que m'importe? il devint ce qu'il put.
A moi, ces questions! suis-je homme qui se pique
D'être si régulier? Le palais disparut.
Et le chien? le chien fit ce que l'amant voulut.

Mais que voulut l'amant? Censeur, tu m'importunes.
Il voulut par ce chien tenter d'autres fortunes :
D'une seule conquête est-on jamais content?
      Favori se perdoit souvent;
      Mais chez sa premiere maitresse
Il revenoit toujours. Pour elle, sa tendresse
Devint bonne amitié. Sur ce pied notre amant
      L'alloit voir fort assidûment;
      Et même en l'accommodement,
Argie à son époux fit un serment sincere
      De n'avoir plus aucune affaire.
      L'époux jura de son côté
      Qu'il n'auroit plus aucun ombrage,
      Et qu'il vouloit être fouetté
      Si jamais on le voyait page.

PATÉ D'ANGUILLE

ÊME beauté, tant soit exquise,
Rassasie et soûle à la fin.
Il me faut d'un et d'autre pain :
Diversité, c'est ma devise.
Cette maîtresse un tantet bize
Rit à mes yeux ; pourquoi cela ?
C'est qu'elle est neuve ; et celle-là
Qui depuis long-temps m'est acquise,
Blanche qu'elle est, en nulle guise
Ne me cause d'émotion.
Son cœur dit oui, le mien dit non ;
D'où vient ? En voici la raison :
Diversité, c'est ma devise.
Je l'ai jà dit d'autre façon,
Car il est bon que l'on déguise,
Suivant la loi de ce dicton :
Diversité, c'est ma devise.
Ce fut celle aussi d'un mari
De qui la femme étoit fort belle.
Il se trouva bien-tôt guéri
De l'amour qu'il avoit pour elle :
L'hymen et la possession
Eteignirent sa passion.

Un sien valet avoit pour femme
Un petit bec assez mignon ;
Le maître, étant bon compagnon,
Eut bien-tôt empaumé la dame.
Cela ne plut pas au valet,
Qui, les ayant pris sur le fait,
Vendiqua son bien de couchette,
A sa moitié chanta goguette,
L'appella tout net et tout franc.....
Bien sot de faire un bruit si grand
Pour une chose si commune ;
Dieu nous gard de plus grand' fortune !
Il fit à son maître un sermon.
Monsieur, dit-il, chacun la sienne,
Ce n'est pas trop ; Dieu et raison
Vous recommandent cette antienne.
Direz-vous : Je suis sans chrétienne ?
Vous en avez à la maison
Une qui vaut cent fois la mienne.
Ne prenez donc plus tant de peine :
C'est pour ma femme trop d'honneur ;
Il ne lui faut si gros Monsieur.
Tenons-nous chacun à la nôtre ;
N'allez point à l'eau chez un autre,
Ayant plein puits de ces douceurs ;

Je m'en rapporte aux connoisseurs :
Si Dieu m'avoit fait tant de grace
Qu'ainsi que vous je disposasse
De madame, je m'y tiendrois,
Et d'une reine ne voudrois.
Mais, puisqu'on ne sçauroit défaire
Ce qui s'est fait, je voudrois bien
(Ceci soit dit sans vous déplaire)
Que, content de votre ordinaire,
Vous ne goutassiez pas du mien.
Le patron ne voulut lui dire
Ni oui ni non sur ce discours,
Et commanda que tous les jours
On mît au repas, près du sire,
Un pâté d'anguille; ce mets
Lui chatouilloit fort le palais.
Avec un appétit extrême
Une et deux fois il en mangea;
Mais, quand ce vint à la troisiéme,
La seule odeur le dégouta.
Il voulut sur une autre viande
Mettre la main : on l'empêcha.
Monsieur, dit-on, nous le commande :
Tenez-vous-en à ce mets-là;
Vous l'aimez, qu'avez-vous à dire?

M'en voilà soû, reprit le sire.
Et quoi, toûjours pâtés au bec!
Pas une anguille de rôtie!
Pâtés tous les jours de ma vie!
J'aimerois mieux du pain tout sec.
Laissez-moi prendre un peu du vôtre :
Pain de par Dieu, ou de par l'autre;
Au diable ces pâtés maudits!
Ils me suivront en paradis,
Et par delà, Dieu me pardonne!
Le maître accourt soudain au bruit,
Et prenant sa part du déduit :
Mon ami, dit-il, je m'étonne
Que d'un mets si plein de bonté
Vous soyez si-tôt dégouté.
Ne vous ai-je pas ouï dire
Que c'étoit votre grand ragoût?
Il faut qu'en peu de temps, beau sire,
Vous ayez bien changé de goût?
Qu'ai-je fait qui fût plus étrange?
Vous me blâmez lors que je change
Un mets que vous croyez friand,
Et vous en faites tout autant.
Mon doux ami, je vous apprend
Que ce n'est pas une sottise,

En fait de certains appétits,
De changer son pain blanc en bis :
Diversité, c'est ma devise.
Quand le maître eut ainsi parlé,
Le valet fut tout consolé :
Non que ce dernier n'eût à dire
Quelque chose encor là-dessus,
Car après tout doit-il suffire
D'alléguer son plaisir sans plus?
J'aime le change : à la bonne heure,
On vous l'accorde; mais gagnez,
S'il se peut, les intéressés ;
Cette voie est bien la meilleure :
Suivez-la donc. A dire vrai,
Je crois que l'amateur du change
De ce conseil tenta l'essai.
On dit qu'il parloit comme un ange,
De mots dorés usant toûjours :
Mots dorés font tout en amours.
C'est une maxime constante ;
Chacun sait quelle est mon entente :
J'ai rebattu cent et cent fois
Ceci dans cent et cent endroits ;
Mais la chose est si nécessaire
Que je ne puis jamais m'en taire,

Et redirai jusques au bout :
Mots dorés en amour font tout.
Ils persuadent la donzelle,
Son petit chien, sa demoiselle,
Son époux quelquefois aussi.
C'est le seul qu'il falloit ici
Persuader : il n'avoit l'ame
Sourde à cette éloquence ; et, dame,
Les orateurs du temps jadis
N'en ont de telle en leurs écrits.
Notre jaloux devint commode ;
Même on dit qu'il suivit la mode
De son maître, et toûjours depuis
Changea d'objets en ses déduits.
Il n'était bruit que d'aventures
Du chrétien et de créatures.
Les plus nouvelles, sans manquer,
Etoient pour lui les plus gentilles ;
Par où le drôle en put croquer
Il en croqua, femmes et filles,
Nimphes, grisettes, ce qu'il put.
Toutes étoient de bonne prise ;
Et sur ce point, tant qu'il vécut,
Diversité fut sa devise.

LE MAGNIFIQUE

Un peu d'esprit, beaucoup de bonne mine,
Et plus encor de libéralité,
C'est en amour une triple machine
Par qui maint fort est bien-tôt emporté.
Rocher fût-il : rochers aussi se prennent.
Qu'on soit bien-fait, qu'on ait quelque talent,
Que les cordons de la bourse ne tiennent ;
Je vous le dis, la place est au galant.
On la prend bien quelquefois sans ces choses.
Bon fait avoir néanmoins quelques doses
D'entendement, et n'être pas un sot.
Quant à l'avare, on le hait ; le magot
A grand besoin de bonne rhétorique :
La meilleure est celle du libéral.
Un Florentin, nommé le Magnifique,
La possédoit en propre original.
Le Magnifique étoit un nom de guerre
Qu'on lui donna ; bien l'avoit mérité :
Son train de vivre et son honnêteté,
Ses dons sur-tout, l'avoient par toute terre
Déclaré tel ; propre, bien-fait, bien mis,
L'esprit galant, et l'air des plus polis.
Il se piqua pour certaine femelle

De haut état. La conquête étoit belle ;
Elle excitoit doublement le désir :
Rien n'y manquoit, la gloire et le plaisir.
Aldobrandin étoit de cette dame
Mari jaloux, non comme d'une femme,
Mais comme qui depuis peu jouiroit
D'une Philis. Cet homme la veilloit
De tous ses yeux ; s'il en eût eu dix mille,
Il les eût tous à ce soin occupés :
Amour le rend, quand il veut, inutile ;
Ces Argus-là sont fort souvent trompés.
Aldobrandin ne croyoit pas possible
Qu'il le fût onc : il défioit les gens.
Au demeurant, il étoit fort sensible
A l'intérêt, aimoit fort les présens.
Son concurrent n'avoit encore sçû dire
Le moindre mot à l'objet de ses vœux :
On ignoroit, ce lui sembloit, ses feux,
Et le surplus de l'amoureux martyre
(Car c'est toûjours une même chanson) ;
Si l'on l'eût sçu, qu'eût-on fait ? que fait-on ?
Jà n'est besoin qu'au lecteur je le die.
Pour revenir à notre pauvre amant,
Il n'avoit sçu dire un mot seulement
Au médecin touchant sa maladie.

Or le voilà qui tourmente sa vie,
Qui va, qui vient, qui court, qui perd ses pas :
Point de fenêtre et point de jalousie
Ne lui permet d'entrevoir les appas,
Ni d'entrouir la voix de sa maîtresse.
Il ne fut onc semblable forteresse.
Si faudra-t-il qu'elle y vienne pourtant.
Voici comment s'y prit notre assiégeant :
Je pense avoir déjà dit, ce me semble,
Qu'Aldobrandin homme à présens étoit ;
Non qu'il en fît, mais il en recevoit.
Le Magnifique avoit un cheval d'amble,
Beau, bien taillé, dont il faisoit grand cas :
Il l'appelloit, à cause de son pas,
La haquenée. Aldobrandin le loue :
Ce fut assez ; notre amant proposa
De le troquer ; l'époux s'en excusa :
Non pas, dit-il, que je ne vous avoue
Qu'il me plaît fort, mais à de tels marchés
Je perds toujours. Alors le Magnifique,
Qui voit le but de cette politique,
Reprit : Eh bien, faisons mieux, ne troquez ;
Mais pour le prix du cheval, permettez
Que, vous présent, j'entretienne Madame :
C'est un desir curieux qui m'a pris.

Encor faut-il que vos meilleurs amis
Sçachent un peu ce qu'elle a dedans l'ame.
Je vous demande un quart d'heure sans plus.
Aldobrandin, l'arrêtant là-dessus :
J'en suis d'avis ; je livrerai ma femme ?
Ma foi, mon cher, gardez votre cheval.
Quoi, vous présent ? Moi présent. Et quel mal
Encor un coup peut-il, en la présence
D'un mari fin comme vous, arriver ?
Aldobrandin commence d'y rêver ;
Et raisonnant en soi : Quelle apparence
Qu'il en mévienne en effet, moi présent ?
C'est marché sûr ; il est fol à son dam.
Que prétend-il ? Pour plus grande assurance,
Sans qu'il le sçache, il faut faire défense
A ma moitié de répondre au galant.
Sus, dit l'époux, j'y consens. La distance
De vous à nous, poursuivit notre amant,
Sera réglée, afin qu'aucunement
Vous n'entendiez. Il y consent encore,
Puis va querir sa femme en ce moment.
Quand l'autre voit celle-là qu'il adore,
Il se croit être en un enchantement.
Les saluts faits, en un coin de la salle
Ils se vont seoir. Notre galant n'étale

Un long narré, mais vient d'abord au fait.
Je n'ai le lieu ni le temps à souhait,
Commença-t-il ; puis je tiens inutile
De tant tourner : il n'est que d'aller droit.
Partant, Madame, en un mot comme en mille,
Votre beauté jusqu'au vif m'a touché.
Penseriez-vous que ce fût un péché
Que d'y répondre ? Ah ! je vous crois, Madame,
De trop bon sens. Si j'avois le loisir,
Je ferois voir par les formes ma flâme,
Et vous dirois de cet ardent desir
Tout le menu : mais que je brûle, meure,
Et m'en tourmente, et me dise aux abois,
Tout ce chemin que l'on fait en six mois,
Il me convient le faire en un quart d'heure ;
Et plus encor, car ce n'est pas-là tout :
Froid est l'amant qui ne va jusqu'au bout,
Et par sottise en si beau train demeure.
Vous vous taisez ? pas un mot ? qu'est cela ?
Renvoirez-vous de la sorte un pauvre homme ?
Le ciel vous fit, il est vrai, ce qu'on nomme
Divinité ; mais faut-il pour cela
Ne point répondre alors que l'on vous prie ?
Je vois, je vois ; c'est une tricherie
De votre époux : il m'a joué ce trait,

Et ne prétend qu'aucune repartie
Soit du marché; mais j'y sçais un secret :
Rien n'y fera pour le sûr sa défense.
Je sçaurai bien me répondre pour vous;
Puis ce coin d'œil, par son langage doux,
Rompt à mon sens quelque peu le silence.
J'y lis ceci : Ne croyez pas, Monsieur,
Que la nature ait composé mon cœur
De marbre dur. Vos fréquentes passades,
Joûtes, tournois, devises, sérénades,
M'ont avant vous déclaré votre amour.
Bien loin qu'il m'ait en nul point offensée;
Je vous dirai que dès le premier jour
J'y répondis, et me sentis blessée
Du même trait; mais que nous sert ceci?
Ce qu'il nous sert? je m'en vais vous le dire :
Étant d'accord, il faut cette nuit-ci
Gouter le fruit de ce commun martyre;
De votre époux nous venger et nous rire;
Bref, le payer du soin qu'il prend ici :
De ces fruits-là le dernier n'est le pire.
Votre jardin viendra comme de cire :
Descendez-y; ne doutez du succès :
Votre mari ne se tiendra jamais
Qu'à sa maison des champs, je vous l'assûre,

LE MAGNIFIQUE.

Tantôt il n'aille éprouver sa monture.
Vos douagnas en leur premier sommeil,
Vous descendrez, sans nul autre appareil
Que de jetter une robe fourrée
Sur votre dos, et viendrez au jardin.
De mon côté l'échelle est préparée.
Je monterai par la cour du voisin;
Je l'ai gagné : la rue est trop publique.
Ne craignez rien. Ah! mon cher Magnifique,
Que je vous aime! et que je vous sçais gré
De ce dessein! Venez, je descendrai.
C'est vous qui parle; et plût au ciel, Madame,
Qu'on vous osât embrasser les genoux!
Mon Magnifique, à tantôt; votre flâme
Ne craindra point les regards d'un jaloux.
L'amant la quitte, et feint d'être en courroux;
Puis, tout grondant : Vous me la baillez bonne,
Aldobrandin; je n'entendois cela.
Autant vaudroit n'être avecque personne
Que d'être avec Madame que voilà.
Si vous trouvez chevaux à ce prix-là,
Vous les devez prendre sur ma parole.
Le mien hennit du-moins; mais cette idole
Est proprement un fort joli poisson.
Or sus, j'en tiens : ce m'est une leçon.

Quiconque veut le reste du quart d'heure
N'a qu'à parler, j'en ferai juste prix.
Aldobrandin rit si fort qu'il en pleure.
Ces jeunes gens, dit-il, en leurs esprits
Mettent toujours quelque haute entreprise ;
Notre féal, vous lâchez trop tôt prise :
Avec le temps on en viendroit à bout.
J'y tiendrai l'œil, car ce n'est pas-là tout :
Nous y sçavons encor quelque rubrique ;
Et cependant, monsieur le Magnifique,
La haquenée est nettement à nous :
Plus ne fera de dépense chez vous.
Dès aujourd'hui, qu'il ne vous en déplaise,
Vous me verrez dessus fort à mon aise
Dans le chemin de ma maison des champs.
Il n'y manqua sur le soir ; et nos gens
Au rendez-vous tout aussi peu manquerent.
Dire comment les choses s'y passerent,
C'est un détail trop long : Lecteur prudent,
Je m'en remets à ton bon jugement.
La dame étoit jeune, fringante et belle,
L'amant bien-fait, et tous deux fort épris.
Trois rendez-vous coup sur coup furent pris ;
Moins n'en valoit si gentille femelle.
Aucun péril, nul mauvais accident,

Bons dormitifs en or comme en argent
Aux douagnas, et bonne sentinelle.
Un pavillon vers le bout du jardin
Vint à propos : messire Aldobrandin
Ne l'avoit fait bâtir pour cet usage.
Conclusion, qu'il prit en cocuage
Tous ses degrés : un seul ne lui manqua,
Tant sçut jouer son jeu la haquenée :
Content ne fut d'une seule journée
Pour l'éprouver; aux champs il demeura
Trois jours entiers, sans doute ni scrupule.
J'en connois bien qui ne sont si chanceux,
Car ils ont femme, et n'ont cheval ni mule,
Sçachant de plus tout ce qu'on fait chez eux.

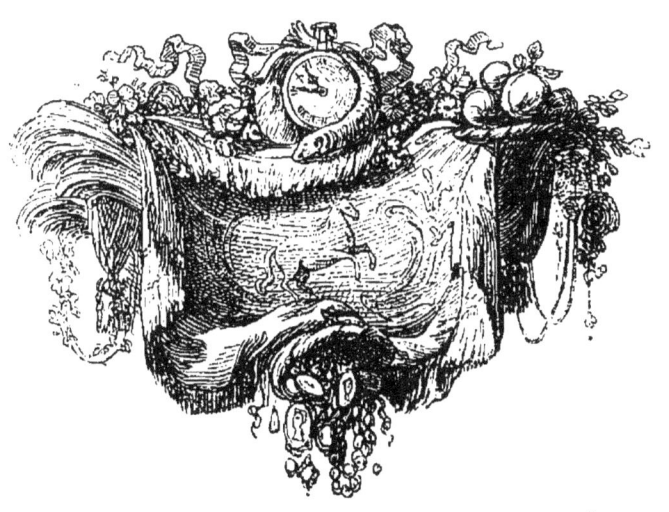

LA MATRONE D'EPHESE

S'IL est un conte usé, commun et rebatu,
C'est celui qu'en ces vers j'accommode à ma guise.
 Et pourquoi donc le choisis-tu?
 Qui t'engage à cette entreprise?
N'a-t-elle point déjà produit assez d'écrits?
 Quelle grace aura ta Matrone,
 Au prix de celle de Pétrone?
Comment la rendras-tu nouvelle à nos esprits?
Sans répondre aux censeurs, car c'est chose infinie,
Voyons si dans mes vers je l'aurai rajeunie.
 Dans Ephese il fut autrefois
Une dame en sagesse et vertus sans égale,
 Et, selon la commune voix,
Ayant sçu rafiner sur l'amour conjugale.
Il n'étoit bruit que d'elle et de sa chasteté;
 On l'alloit voir par rareté :
C'étoit l'honneur du sexe! Heureuse sa patrie!
Chaque mere à sa bru l'alléguoit pour patron;
Chaque époux la prônoit à sa femme chérie :
D'elle descendent ceux de la Prudoterie,
 Antique et célèbre maison.
 Son mari l'aimoit d'amour folle.

Il mourut : de dire comment,
Ce seroit un détail frivole ;
Il mourut, et son testament
N'étoit plein que de legs qui l'auroient consolée,
Si les biens réparoient la perte d'un mari
Amoureux autant que chéri.
Mainte veuve pourtant fait la déchévelée,
Qui n'abandonne pas le soin du demeurant,
Et du bien qu'elle aura fait le compte en pleurant.
Celle-ci par ses cris mettoit tout en allarme ;
Celle-ci faisoit un vacarme,
Un bruit et des regrets à percer tous les cœurs.
Bien qu'on sçache qu'en ces malheurs,
De quelque desespoir qu'une ame soit atteinte,
La douleur est toujours moins forte que la plainte
(Toujours un peu de faste entre parmi les pleurs),
Chacun fit son devoir de dire à l'affligée
Que tout a sa mesure, et que de tels regrets
Pourroient pécher par leur excès :
Chacun rendit par-là sa douleur rengrégée.
Enfin ne voulant pas jouir de la clarté
Que son époux avoit perdue,
Elle entre dans sa tombe, en ferme volonté
D'accompagner cette ombre aux enfers descendue.
Et voyez ce que peut l'excessive amitié

Ce mouvement aussi va jusqu'à la folie) :
Une esclave en ce lieu la suivit par pitié,
      Prête à mourir de compagnie :
Prête, je m'entens bien, c'est-à-dire, en un mot,
N'ayant examiné qu'à demi ce complot,
Et jusques à l'effet courageuse et hardie.
L'esclave avec la dame avoit été nourrie.
Toutes deux s'entr'aimoient, et cette passion
Etoit crûe avec l'âge au cœur des deux femelles :
Le monde entier à peine eût fourni deux modeles
      D'une telle inclination.
Comme l'esclave avoit plus de sens que la dame,
Elle laissa passer les premiers mouvemens ;
Puis tâcha, mais en vain, de remettre cette ame
Dans l'ordinaire train des communs sentimens.
Aux consolations la veuve inaccessible,
S'appliquoit seulement à tout moyen possible
De suivre le défunt aux noirs et tristes lieux :
Le fer auroit été le plus court et le mieux ;
Mais la dame vouloit paître encore ses yeux
      Du trésor qu'enfermoit la biere,
      Froide dépouille, et pourtant chere.
      C'étoit-là le seul aliment
      Q'elle prît en ce monument.
      La faim donc fut celle des portes

Qu'entre d'autres de tant de sortes
Notre veuve choisit pour sortir d'ici-bas.
Un jour se passe et deux sans d'autre nourriture
Que ses profonds soupirs, que ses fréquens hélas,
  Qu'un inutile et long murmure
Contre les dieux, le sort et toute la nature.
  Enfin sa douleur n'obmit rien,
 Si la douleur doit s'exprimer si bien.
Encore un autre mort faisoit sa résidence
Non loin de ce tombeau, mais bien différemment,
  Car il n'avoit pour monument
  Que le dessous d'une potence.
Pour exemple aux voleurs on l'avoit là laissé.
  Un soldat bien récompensé
  Le gardoit avec vigilance.
  Il étoit dit par ordonnance
Que si d'autres voleurs, un parent, un ami,
L'enlevoient, le soldat nonchalant, endormi,
  Rempliroit aussi-tôt sa place.
  C'étoit trop de sévérité ;
  Mais la publique utilité
Défendoit que l'on fît au garde aucune grace.
Pendant la nuit il vit aux fentes du tombeau
Briller quelque clarté, spectacle assez nouveau.
Curieux il y court, entend de loin la dame

   Remplissant l'air de ses clameurs.
Il entre, est étonné, demande à cette femme
   Pourquoi ces cris, pourquoi ces pleurs,
   Pourquoi cette triste musique,
Pourquoi cette maison noire et mélancolique?
Occupée à ses pleurs, à peine elle entendit
   Toutes ces demandes frivoles;
   Le mort pour elle y répondit :
   Cet objet, sans autres paroles,
   Disoit assez par quel malheur
La dame s'enterroit ainsi toute vivante.
Nous avons fait serment, ajouta la suivante,
De nous laisser mourir de faim et de douleur.
Encor que le soldat fût mauvais orateur,
Il leur fit concevoir ce que c'est que la vie.
La dame cette fois eut de l'attention ;
   Et déjà l'autre passion
   Se trouvoit un peu ralentie :
Le temps avoit agi. Si la foi du serment,
Poursuivit le soldat, vous défend l'aliment,
   Voyez-moi manger seulement;
Vous n'en mourrez pas moins. Un tel tempérament
   Ne déplut pas aux deux femelles :
   Conclusion, qu'il obtint d'elles
Une permission d'apporter son soupé;

Ce qu'il fit; et l'esclave eut le cœur fort tenté
De renoncer dès-lors à la cruelle envie
    De tenir au mort compagnie.
Madame, ce dit-elle, un penser m'est venu :
Qu'importe à votre époux que vous cessiez de vivre?
Croyez-vous que lui-même il fût homme à vous suivre
Si par votre trépas vous l'aviez prévenu?
Non, madame : il voudroit achever sa carriere.
La nôtre sera longue encor, si nous voulons.
Se faut-il à vingt ans enfermer dans la biere?
Nous aurons tout loisir d'habiter ces maisons.
On ne meurt que trop tôt : qui nous presse? attendons.
Quant à moi, je voudrois ne mourir que ridée.
Voulez-vous emporter vos appas chez les morts?
Que vous servira-t-il d'en être regardée?
    Tantôt, en voyant les trésors
Dont le ciel prit plaisir d'orner votre visage,
    Je disois : hélas! c'est dommage!
Nous mêmes nous allons enterrer tout cela.
A ce discours flateur la dame s'éveilla.
Le dieu qui fait aimer prit son temps; il tira
Deux traits de son carquois : de l'un il entama
Le soldat jusqu'au vif; l'autre effleura la dame.
Jeune et belle, elle avoit sous ses pleurs de l'éclat.
    Et des gens de goût délicat

Auroient bien pu l'aimer, et même étant leur femme.
Le garde en fut épris : les pleurs et la pitié,
    Sorte d'amours ayant ses charmes,
Tout y fit. Une belle, alors qu'elle est en larmes,
    En est plus belle de moitié;
Voilà donc notre veuve écoutant la louange,
Poison qui de l'amour est le premier degré;
    La voilà qui trouve à son gré
Celui qui le lui donne. Il fait tant qu'elle mange;
Il fait tant que de plaire, et se rend en effet
Plus digne d'être aimé que le mort le mieux fait.
    Il fait tant enfin qu'elle change;
Et toujours par degrés, comme l'on peut penser,
De l'un à l'autre il fait cette femme passer :
    Je ne le trouve pas étrange.
Elle écoute un amant, elle en fait un mari;
Le tout au nez du mort qu'elle avoit tant chéri.
Pendant cet hyménée, un voleur se hazarde
D'enlever le dépôt commis aux soins du garde.
Il en entend le bruit; il y court à grands pas,
    Mais en vain : la chose étoit faite.
Il revient au tombeau conter son embarras,
    Ne sçachant où trouver retraite.
L'esclave alors lui dit, le voyant éperdu :
    L'on vous a pris votre pendu?

Les loix ne vous feront, dites-vous, nulle grace?
Si madame y consent, j'y remédierai bien.
   Mettons notre mort en la place,
   Les passans n'y connoîtront rien.
La dame y consentit. O volages femelles!
La femme est toujours femme. Il en est qui sont belles,
   Il en est qui ne le sont pas;
   S'il en étoit d'assez fidelles,
   Elles auroient assez d'appas.
Prudes, vous vous devez défier de vos forces;
Ne vous vantez de rien. Si votre intention
   Est de résister aux amorces,
La nôtre est bonne aussi; mais l'exécution
Nous trompe également, témoin cette matrone.
   Et, n'en déplaise au bon Pétrone,
Ce n'étoit pas un fait tellement merveilleux
Qu'il en dût proposer l'exemple à nos neveux.
Cette veuve n'eut tort qu'au bruit qu'on lui vit faire,
Qu'au dessein de mourir mal conçu, mal formé :
   Car de mettre au patibulaire
   Le corps d'un mari tant aimé,
Ce n'étoit pas peut-être une si grande affaire.
Cela lui sauvoit l'autre; et, tout considéré,
Mieux vaut goujat debout qu'empereur enterré.

BELPHÉGOR

NOUVELLE TIRÉE DE MACHIAVEL

A Mademoiselle de Chammellay

De votre nom j'orne le frontispice
Des derniers vers que ma muse a polis
Puisse le tout, ô charmante Philis,
Aller si loin que notre los franchisse
La nuit des temps : nous la sçaurons dompter,
Moi par écrire, et vous par réciter.
Nos noms unis perceront l'ombre noire ;
Vous régnerez long-temps dans la mémoire
Après avoir régné jusques ici
Dans les esprits, dans les cœurs même aussi.
Qui ne connoit l'inimitable actrice
Représentant ou Phédre, ou Bérénice,
Chimene en pleurs, ou Camille en fureur ?
Est-il quelqu'un que votre voix n'enchante ?
S'en trouve-t-il une autre aussi touchante,
Une autre enfin allant si droit au cœur ?

N'attendez pas que je fasse l'éloge
De ce qu'en vous on trouve de parfait ;
Comme il n'est point de grace qui n'y loge,
Ce seroit trop : je n'aurois jamais fait.
De mes Philis vous seriez la premiere,
Vous auriez eu mon ame toute entiere,
Si de mes vœux j'eusse plus présumé ;
Mais en aimant qui ne veut être aimé ?
Par des transports n'espérant pas vous plaire,
Je me suis dit seulement votre ami,
De ceux qui sont amans plus d'à demi ;
Et plut au sort que j'eusse pu mieux faire !
Ceci soit dit, venons à notre affaire.
Un jour Satan, monarque des enfers,
Faisoit passer ses sujets en revue.
Là, confondus tous les états divers,
Princes et rois, et la tourbe menue,
Jettoient maint pleur, poussoient maint et maint cri,
Tant que Satan en étoit étourdi.
Il demandoit en passant à chaque ame :
Qui t'a jettée en l'éternelle flâme ?
L'une disoit : Hélas ! c'est mon mari ;
L'autre aussi-tôt répondoit : C'est ma femme.
Tant et tant fut ce discours répété
Qu'enfin Satan dit en plein consistoire :

Si ces gens-ci disent la vérité,
Il est aisé d'augmenter notre gloire.
Nous n'avons donc qu'à le vérifier.
Pour cet effet il nous faut envoyer
Quelque démon plein d'art et de prudence,
Qui, non content d'observer avec soin
Tous les hymens dont il sera témoin,
Y joigne aussi sa propre expérience.
Le prince ayant proposé sa sentence,
Le noir sénat suivit tout d'une voix.
De Belphégor aussi-tôt on fit choix.
Ce diable étoit tout yeux et tout oreilles,
Grand éplucheur, clair-voyant à merveilles,
Capable enfin de pénétrer dans tout
Et de pousser l'examen jusqu'au bout.
Pour subvenir aux frais de l'entreprise,
On lui donna mainte et mainte remise,
Toutes à vue, et qu'en lieux différens
Il pût toucher par des correspondans.
Quant au surplus, les fortunes humaines,
Les biens, les maux, les plaisirs et les peines,
Bref ce qui suit notre condition,
Fut une annexe à sa légation.
Il se pouvoit tirer d'affliction
Par ses bons tours et par son industrie;

Mais non mourir ni revoir sa patrie
Qu'il n'eût ici consumé certain temps :
Sa mission devoit durer dix ans.
Le voilà donc qui traverse et qui passe
Ce que le ciel voulut mettre d'espace
Entre ce monde et l'éternelle nuit ;
Il n'en mit guere : un moment y conduit.
Notre démon s'établit à Florence,
Ville pour lors de luxe et de dépense ;
Même il la crut propre pour le trafic.
Là, sous le nom du seigneur Roderic,
Il se logea, meubla comme un riche homme :
Grosse maison, grand train, nombre de gens,
Anticipant tous les jours sur la somme
Qu'il ne devoit consumer qu'en dix ans.
On s'étonnoit d'une telle bombance :
Il tenoit table, avoit de tous côtés
Gens à ses frais, soit pour ses voluptés,
Soit pour le faste et la magnificence.
L'un des plaisirs où plus il dépensa
Fut la louange : Apollon l'encensa,
Car il est maître en l'art de flaterie.
Diable n'eut onc tant d'honneur en sa vie.
Son cœur devint le but de tous les traits
Qu'Amour lançoit : il n'étoit point de belle

Qui n'employât ce qu'elle avoit d'attraits
Pour le gagner, tant sauvage fût-elle :
Car de trouver une seule rebelle,
Ce n'est la mode à gens de qui la main
Par les présens s'applanit tout chemin.
C'est un ressort en tous desseins utile.
Je l'ai jà dit et le redis encor :
Je ne connois d'autre premier mobile
Dans l'univers que l'argent et que l'or.
Notre envoyé cependant tenoit compte
De chaque hymen, en journaux différens;
L'un, des époux satisfaits et contens,
Si peu rempli que le diable en eut honte;
L'autre journal incontinent fut plein.
A Belphégor il ne restoit enfin
Que d'éprouver la chose par lui-même.
Certaine fille à Florence étoit lors :
Belle, et bien faite, et peu d'autres trésors;
Noble d'ailleurs, mais d'un orgueil extrême,
Et d'autant plus que de quelque vertu
Un tel orgueil paroissoit revêtu.
Pour Roderic on en fit la demande.
Le pere dit que madame Honesta,
C'étoit son nom, avoit eu jusques-là
Force partis, mais que parmi la bande

Il pourroit bien Roderic préférer,
Et demandoit temps pour délibérer.
On en convient. Le poursuivant s'applique
A gagner celle où ses veux s'adressoient :
Fêtes et bals, sérénades, musique,
Cadeaux, festins, bien fort appetissoient,
Altéroient fort le fonds de l'ambassade.
Il n'y plaint rien, en use en grand seigneur,
S'épuise en dons. L'autre se persuade
Qu'elle lui fait encor beaucoup d'honneur.
Conclusion, qu'après forces prieres,
Et des façons de toutes les manieres,
Il eut un oui de madame Honesta.
Auparavant le notaire y passa,
Dont Belphégor se moquant en son ame :
Hé quoi, dit-il, on acquiert une femme
Comme un château ! Ces gens ont tout gâté.
Il eut raison : ôtez d'entre les hommes
La simple foi, le meilleur est ôté.
Nous nous jettons, pauvres gens que nous sommes,
Dans les procès en prenant le revers.
Les si, les car, les contrats sont la porte
Par où la noise entre dans l'univers :
N'espérons pas que jamais elle en sorte.
Solemnités et loix n'empêchent pas

Qu'avec l'Hymen Amour n'ait des débats :
C'est le cœur seul qui peut rendre tranquille.
Le cœur fait tout, le reste est inutile ;
Qu'ainsi ne soit : voyons d'autres états.
Chez les amis tout s'excuse, tout passe ;
Chez les amans tout plaît, tout est parfait ;
Chez les époux tout ennuie, et tout lasse.
Le devoir nuit : chacun est ainsi fait.
Mais, dira-t-on, n'est-il en nulles guises
D'heureux ménage ? Après mûr examen,
J'appelle un bon, voir un parfait hymen,
Quand les conjoints se souffrent leurs sottises.
Sur ce point-là c'est assez raisonné.
Dès que chez lui le diable eut amené
Son épousée, il jugea par lui-même
Ce qu'est l'hymen avec un tel démon :
Toujours débats, toujours quelque sermon
Plein de sottise en un degré suprême.
Le bruit fut tel que madame Honesta
Plus d'une fois les voisins éveilla ;
Plus d'une fois on courut à la noise.
Il lui falloit quelque simple bourgeoise,
Ce disoit-elle : Un petit trafiquant
Traiter ainsi les filles de mon rang !
Méritoit-il femme si vertueuse ?

Sur mon devoir je suis trop scrupuleuse,
J'en ai regret, et si je faisois bien...
Il n'est pas sûr qu'Honesta ne fît rien :
Ces prudes-là nous en font bien accroire.
Nos deux époux, à ce que dit l'histoire,
Sans disputer n'étoient pas un moment.
Souvent leur guerre avoit pour fondement
Le jeu, la juppe, ou quelque ameublement
D'été, d'hyver, d'entre-temps, bref un monde
D'inventions propres à tout gâter.
Le pauvre diable eut lieu de regretter
De l'autre enfer la demeure profonde.
Pour comble enfin Roderic épousa
La parenté de madame Honesta :
Ayant sans cesse et le pere et la mere,
Et la grand' sœur, avec le petit frere ;
De ses deniers mariant la grand' sœur,
Et du petit payant le précepteur.
Je n'ai pas dit la principale cause
De sa ruine, infaillible accident,
Et j'oubliois qu'il eut un intendant.
Un intendant ? qu'est-ce que cette chose ?
Je définis cet être, un animal
Qui, comme on dit, sçait pêcher en eau trouble ;
Et plus le bien de son maître va mal,

Plus le sien croît, plus son profit redouble ;
Tant qu'aisément lui-même achéteroit
Ce qui de net au seigneur resteroit.
Donc par raison bien et dûment déduite,
On pourroit voir chaque chose réduite
En son état, s'il arrivoit qu'un jour
L'autre devînt l'intendant à son tour ;
Car, regagnant ce qu'il eut étant maître,
Ils reprendroient tous deux leur premier être.
Le seul recours du pauvre Roderic,
Son seul espoir, étoit certain trafic
Qu'il prétendoit devoir remplir sa bourse ;
Espoir douteux, incertaine ressource.
Il étoit dit que tout seroit fatal
A notre époux ; ainsi tout alla mal.
Ses agents, tels que la plûpart des nôtres,
En abusoient : il perdit un vaisseau,
Et vit aller le commerce à vau-l'eau,
Trompé des uns, mal servi par les autres.
Il emprunta : quand ce vint à payer,
Et qu'à sa porte il vit le créancier,
Force lui fut d'esquiver par la fuite,
Gagnant les champs, où de l'âpre poursuite
Il se sauva chez un certain fermier,
En certain coin remparé de fumier.

A Mathéo, c'étoit le nom du sire,
Sans tant tourner il dit ce qu'il étoit ;
Qu'un double mal chez lui le tourmentoit,
Ses créanciers, et sa femme encor pire ;
Qu'il n'y sçavoit remede que d'entrer
Au corps des gens et de s'y remparer,
D'y tenir bon : iroit-on là le prendre ?
Dame Honesta viendroit-elle y prôner
Qu'elle a regret de se bien gouverner ?
Chose ennuieuse, et qu'il est las d'entendre.
Que de ces corps trois fois il sortiroit,
Si-tôt que lui, Mathéo, l'en prieroit ;
Trois fois sans plus, et ce pour récompense
De l'avoir mis à couvert des sergens.
Tout aussi-tôt l'ambassadeur commence
Avec grand bruit, d'entrer au corps des gens.
Ce que le sien, ouvrage fantastique,
Devint alors, l'histoire n'en dit rien.
Son coup d'essai fut une fille unique,
Où le galant se trouvoit assez bien ;
Mais Mathéo, moyennant grosse somme,
L'en fit sortir au premier mot qu'il dit.
C'étoit à Naples. Il se transporte à Rome,
Saisit un corps : Mathéo l'en bannit,
L'en chasse encore ; autre somme nouvelle.

Trois fois enfin, toujours d'un corps femelle,
Remarquez bien, notre diable sortit.
Le roi de Naples avoit lors une fille,
Honneur du sexe, espoir de sa famille :
Maint jeune prince étoit son poursuivant.
Là d'Honesta Belphégor se sauvant,
On ne le put tirer de cet asile.
Il n'étoit bruit aux champs comme à la ville
Que d'un manant qui chassoit les esprits.
Cent mille écus d'abord lui sont promis.
Bien affligé de manquer cette somme
(Car les trois fois l'empêchoient d'espérer
Que Belphégor se laissât conjurer),
Il la refuse ; il se dit un pauvre homme,
Pauvre pécheur qui, sans sçavoir comment,
Sans dons du ciel, par hazard seulement,
De quelques corps a chassé quelque diable,
Apparemment chétif et misérable,
Et ne connoit celui-ci nullement.
Il a beau dire : on le force, on l'amene,
On le menace ; on lui dit que sous peine
D'être pendu, d'être mis haut et court
En un gibet, il faut que sa puissance
Se manifeste avant la fin du jour.
Dès l'heure même on vous met en présence

Notre démon et son conjurateur.
D'un tel combat le prince est spectateur.
Chacun y court : n'est fils de bonne mere
Qui pour le voir ne quitte toute affaire.
D'un côté sont le gibet et la hart,
Cent mille écus bien comptés d'autre part.
Mathéo tremble, et lorgne la finance.
L'esprit malin, voyant sa contenance,
Rioit sous cape, alléguoit les trois fois ;
Dont Mathéo suoit dans son harnois,
Pressoit, prioit, conjuroit avec larmes.
Le tout en vain : plus il est en alarmes,
Plus l'autre rit. Enfin le manant dit
Que sur ce diable il n'avoit nul crédit.
On vous le hape et mene à la potence.
Comme il alloit haranguer l'assistance,
Nécessité lui suggéra ce tour :
Il dit tout bas qu'on battît le tambour ;
Ce qui fut fait ; de quoi l'esprit immonde
Un peu surpris, au manant demanda :
Pourquoi ce bruit ? Coquin, qu'entens-je là ?
L'autre répond : C'est madame Honesta
Qui vous reclame, et va par tout le monde
Cherchant l'époux que le ciel lui donna.
Incontinent le diable décampa,

S'enfuit au fond des enfers, et conta
Tout le succès qu'avoit eu son voyage.
Sire, dit-il, le nœud du mariage
Damne aussi dru qu'aucuns autres états.
Votre Grandeur voit tomber ici-bas,
Non par flocons, mais menu comme pluie,
Ceux que l'hymen fait de sa confrairie :
J'ai par moi-même examiné le cas.
Non que de soi la chose ne soit bonne :
Elle eut jadis un plus heureux destin ;
Mais comme tout se corrompt à la fin,
Plus beau fleuron n'est en votre couronne.
Satan le crut : il fut récompensé ;
Encor qu'il eût son retour avancé ;
Car qu'eût-il fait? ce n'étoit pas merveilles
Qu'ayant sans cesse un diable à ses oreilles,
Toujours le même, et toujours sur un ton,
Il fût contraint d'enfiler la venelle :
Dans les enfers encore en change-t-on ;
L'autre peine est à mon sens plus cruelle.
Je voudrois voir quelque saint y durer.
Elle eût à Job fait tourner la cervelle.
De tout ceci que prétens-je inférer?
Premierement, je ne sçais pire chose,
Que de changer son logis en prison ;

En second lieu, si par quelque raison
Votre ascendant à l'hymen vous expose,
N'épousez point d'Honesta, s'il se peut;
N'a pas pourtant une Honesta qui veut.

LA CLOCHETTE

CONTE

Combien l'homme est inconstant, divers,
Foible, léger, tenant mal sa parole !
J'avois juré, même en assez beaux vers,
De renoncer à tout conte frivole.
Et quand juré ? c'est ce qui me confond.
Depuis deux jours j'ai fait cette promesse.
Puis fiez-vous à rimeur qui répond
D'un seul moment. Dieu ne fit la sagesse
Pour les cerveaux qui hantent les neuf sœurs ;
Trop bien ont-ils quelque art qui vous peut plaire,
Quelque jargon plein d'assez de douceurs ;
Mais d'être sûrs, ce n'est-là leur affaire.
Si me faut-il trouver, n'en fût-il point,
Tempérament pour accorder ce point ;
Et supposé que quant à la matiere
J'eusse failli, du moins pourrois-je pas
Le réparer par la forme ? En tout cas
Voyons ceci. Vous sçaurez que n'aguere
Dans la Touraine un jeune bachelier
(Interprétez ce mot à votre guise :
L'usage en fut autrefois familier
Pour dire ceux qui n'ont la barbe grise :

Ores ce sont suppôts de sainte Eglise),
Le nôtre soit sans plus un jouvenceau
Qui dans les prés, sur le bord d'un ruisseau,
Vous cajoloit la jeune bachelette,
Aux blanches dents, aux piés nus, au corps gent.
Pendant qu'Io, portant une clochette,
Aux environs alloit l'herbe mangeant.
Notre galant vous lorgne une fillette,
De celles-là que je viens d'exprimer.
Le malheur fut qu'elle étoit trop jeunette,
Et d'âge encore incapable d'aimer.
Non qu'à treize ans on y soit inhabile ;
Même les loix ont avancé ce temps :
Les loix songeoient aux personnes de ville,
Bien que l'amour semble né pour les champs.
Le bachelier déploya sa science ;
Ce fut en vain : le peu d'expérience,
L'humeur farouche, ou bien l'aversion,
Ou tous les trois, firent que la bergere,
Pour qui l'amour étoit langue étrangere,
Répondit mal à tant de passion.
Que fit l'amant? Croyant tout artifice
Libre en amours, sur le coi de la nuit,
Le compagnon détourne une genisse
De ce bétail par la fille conduit.

LA CLOCHETTE.

Le demeurant, non compté par la belle
(Jeunesse n'a les soins qui sont requis),
Prit aussi-tôt le chemin du logis.
Sa mere étant moins oublieuse qu'elle,
Vit qu'il manquoit une piece au troupeau.
Dieu sçait la vie : elle tance Isabeau,
Vous la renvoie; et la jeune pucelle
S'en va pleurant, et demande aux échos
Si pas un d'eux ne sçait nulle nouvelle
De celle-là, dont le drôle à propos
Avoit d'abord étoupé la clochette;
Puis il la prit, puis la faisant sonner
Il se fit suivre, et tant, que la fillette
Au fonds d'un bois se laissa détourner.
Jugez, lecteur, quelle fut sa surprise,
Quand elle ouït la voix de son amant.
Belle, dit-il, toute chose est permise
Pour se tirer de l'amoureux tourment.
A ce discours, la fille toute en transe
Remplit de cris ces lieux peu fréquentés :
Nul n'accourut. O belles, évitez
Le fond des bois et leur vaste silence.

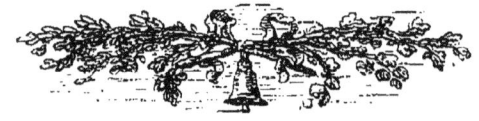

LE GLOUTON

CONTE TIRÉ D'ATHÉNÉE.

A son souper un glouton
Commande que l'on apprête
Pour lui seul un esturgeon,
Sans en laisser que la tête.
Il soupe; il créve; on y court :
On lui donne maints clysteres.
On lui dit, pour faire court,
Qu'il mette ordre à ses affaires.
Mes amis, dit le goulu,
M'y voilà tout résolu ;
Et puis qu'il faut que je meure,
Sans faire tant de façon,
Qu'on m'apporte tout-à-l'heure
Le reste de mon poisson.

LES DEUX AMIS

xıocus avec Alcibiades,
Jeunes, bien-faits, galants, et vigoureux,
Par bon accord, comme grands camarades,
En même nid furent pondre tous deux.
Qu'arrive-t-il? l'un de ces amoureux
Tant bien exploite autour de la donzelle,
Qu'il en nâquit une fille si belle,
Qu'ils s'en vantoient tous deux également.
Le tems venu que cet objet charmant
Put pratiquer les leçons de sa mere,
Chacun des deux en voulut être amant :
Plus n'en voulut l'un ni l'autre être pere.
Frere, dit l'un, ah ! vous ne sçauriez faire
Que cet enfant ne soit vous tout craché.
Parbieu, dit l'autre, il est à vous, compere :
Je prends sur moi le hazard du péché.

LE JUGE DE MESLE

EUX avocats qui ne s'accordoient point
Rendoient perplex un juge de province.
Si ne put onc découvrir le vrai point;
Tant lui sembloit que fût obscur et mince.
Deux pailles prend d'inégale grandeur;
Du doigt les serre : il avoit bonne pince.
La longue échet sans faute au défendeur,
Dont, renvoyé, s'en va gai comme un prince.
La Cour s'en plaint, et le juge repart :
Ne me blâmez, messieurs, pour cet égard;
De nouveauté dans mon fait il n'est maille :
Maint d'entre vous souvent juge au hazard,
Sans que, pour ce, tire à la courte-paille.

ALIX MALADE

Alix malade, et se sentant presser,
Quelqu'un lui dit : Il faut se confesser ;
Voulez-vous pas mettre en repos votre ame?
Oui, je le veux, lui répondit la dame :
Qu'à Pere André l'on aille de ce pas,
Car il entend d'ordinaire mon cas.
Un messager y court en diligence,
Sonne au couvent de toute sa puissance :
Qui venez-vous demander, lui dit-on?
C'est Pere André, celui qui d'ordinaire
Entend Alix dans sa confession.
Vous demandez, reprit alors un frere,
Le Pere André, le confesseur d'Alix?
Il est bien loin : hélas ! le pauvre Pere
Depuis dix ans confesse en Paradis.

LE BAISER RENDU

GUILLOT passoit avec sa mariée.
Un gentilhomme à son gré la trouvant :
Qui t'a, dit-il, donné telle épousée ?
Que je la baise, à la charge d'autant.
Bien volontiers, dit Guillot à l'instant ;
Elle est, monsieur, fort à votre service.
Le monsieur donc fait alors son office.
En appuyant : Perronelle en rougit.
Huit jours après, ce gentilhomme prit
Femme à son tour : à Guillot il permit
Même faveur. Guillot tout plein de zele :
Puisque monsieur, dit-il, est si fidele.
J'ai grand regret et je suis bien fâché
Qu'ayant baisé seulement Perronelle,
Il n'ait encore avec elle couché.

SŒUR JEANNE

Sœur Jeanne ayant fait un poupon,
Jeûnoit, vivoit en sainte fille,
Toujours étoit en oraison ;
Et toujours ses sœurs à la grille.
Un jour donc l'abbesse leur dit :
Vivez comme sœur Jeanne vit ;
Fuyez le monde et sa séquelle.
Toutes reprirent à l'instant :
Nous serons aussi sages qu'elle
Quand nous en aurons fait autant.

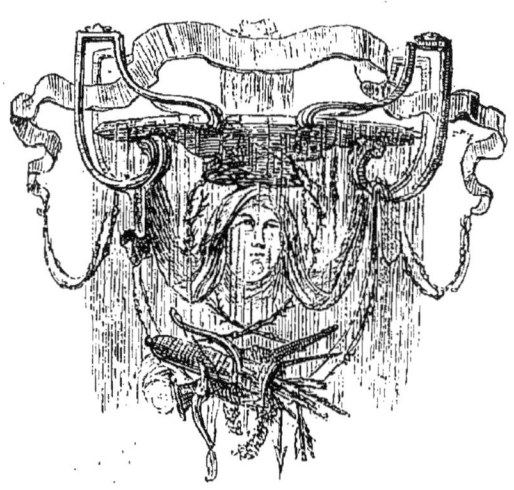

IMITATION D'ANACRÉON

Toi qui peins d'une façon galante,
Maître passé dans Cythere et Paphos,
Fais un effort : peins-nous Iris absente.
Tu n'as point vu cette beauté charmante,
Me diras-tu : tant mieux pour ton repos.
Je m'en vais donc t'instruire en peu de mots.
Premierement, mets des lys et des roses;
Après cela, des amours et des ris.
Mais à quoi bon le détail de ces choses?
D'une Vénus tu peux faire une Iris;
Nul ne sçauroit découvrir le mystere :
Traits si pareils jamais ne se sont vus;
Et tu pourras à Paphos et Cythere
De cette Iris refaire une Vénus.

AUTRE

IMITATION D'ANACRÉON

J'ÉTOIS couché mollement,
Et contre mon ordinaire
Je dormois tranquillement,
Quand un enfant s'en vint faire
A ma porte quelque bruit.
Il pleuvoit fort cette nuit :
Le vent, le froid et l'orage
Contre l'enfant faisoient rage.
Ouvrez, dit-il, je suis nu.
Moi, charitable et bon homme,
J'ouvre au pauvre morfondu,
Et m'enquiers comme il se nomme.
Je te le dirai tantôt,
Repartit-il; car il faut
Qu'auparavant je m'essuie.
J'allume aussi-tôt du feu.
Il regarde si la pluie

N'a point gâté quelque peu
Un arc dont je me méfie.
Je m'approche toutefois,
Et de l'enfant prens les doigts,
Les réchauffe, et dans moi-même
Je dis : Pourquoi craindre tant ?
Que peut-il ? c'est un enfant :
Ma couardise est extrême
D'avoir eu le moindre effroi ;
Que seroit-ce si chez moi
J'avois reçu Poliphême ?
L'enfant d'un air enjoué,
Ayant un peu secoué
Les pieces de son armure,
Et sa blonde chevelure,
Prend un trait, un trait vainqueur,
Qu'il me lance au fond du cœur.
Voilà, dit-il, pour ta peine.
Souviens-toi bien de Climene,
Et de l'Amour : c'est mon nom.
Ah ! je vous connois, lui dis-je,
Ingrat et cruel garçon ;
Faut-il que qui vous oblige
Soit traité de la façon ?
Amour fit une gambade,

Et le petit scélérat
Me dit : Pauvre camarade,
Mon arc est en bon état,
Mais ton cœur est bien malade.

FIN DES CONTES DU TOME PREMIER.

DISSERTATION
SUR
LA JOCONDE

A Monsieur B***

Monsieur,

otre gageure est sans doute fort plaisante, et j'ai ri de tout mon cœur de la bonne foi avec laquelle votre ami soutient une opinion aussi peu raisonnable que la sienne; mais cela ne m'a point du-tout surpris. Ce n'est pas d'aujourd'hui que les plus méchants ouvrages ont trouvé de sinceres protecteurs, et que des opiniâtres

ont entrepris de combattre la raison à force ouverte. Et pour ne vous point citer ici d'exemples du commun, il n'est pas que vous n'ayez ouï parler du gout bizarre de cet empereur qui préféra les écrits d'un je ne sçais quel poëte aux ouvrages d'Homere, et qui ne vouloit pas que tous les hommes ensemble, pendant près de vingt siécles, eussent eu le sens commun. Le sentiment de votre ami a quelque chose d'aussi monstrueux. Et certainement, quand je songe à la chaleur avec laquelle il va, le livre à la main, défendre la Joconde de monsieur Bouillon, il me semble voir Marfise, dans l'Arioste (puisqu'Arioste y a), qui veut faire confesser à tous les chevaliers errans que cette vieille qu'elle a en croupe est un chef-d'œuvre de beauté. Quoi qu'il en soit, s'il n'y prend garde, son opiniâtreté lui coûtera un peu cher; et quelque mauvais passe-tems qu'il y ait pour lui à perdre cent pistoles, je le plains encore plus de la perte qu'il va faire de sa réputation dans l'esprit des habiles gens.

Il a raison de dire qu'il n'y a point de comparaison entre les deux ouvrages dont vous êtes en dispute, puisqu'il n'y a point de comparaison entre un conte plaisant et une narration froide, entre une invention fleurie et enjouée et une traduction séche et triste. Voilà en effet la proportion qui est entre ces deux ouvrages. Monsieur de La Fontaine a pris, à la vérité, son sujet d'Arioste; mais en même tems il s'est rendu maître de sa matiere : ce n'est point une copie qu'il ait tirée un trait après l'autre sur l'original; c'est un original qu'il a formé sur l'idée qu'Arioste lui a fournie. C'est ainsi que Virgile a imité Homere, Térence Ménandre, et le Tasse Virgile. Au contraire on peut dire de monsieur B... que c'est un valet timide qui n'oseroit faire un pas sans le congé de son maître, et qui ne le quitte jamais que quand il ne le peut plus suivre : c'est un traducteur maigre et décharné; les plus belles fleurs qu'Arioste lui fournit deviennent sèches entre ses mains; et à tous momens quittant le françois pour s'attacher à l'italien, il n'est ni italien ni françois.

Voilà, à mon avis, ce qu'on doit penser de ces deux pièces. Mais je passe plus avant, et je soutiens que non-seulement la Nouvelle de monsieur de la Fontaine est infiniment meilleure que celle de ce Monsieur, mais qu'elle est même plus agréablement contée que celle d'Arioste. C'est beaucoup dire sans doute; et je vois bien que par là je vais m'attirer sur les bras tous les amateurs de ce poëte. C'est pourquoi vous trouverez bon que je n'avance pas cette opinion, sans l'appuyer de quelques raisons.

Premierement donc, je ne vois pas par quelle licence poëtique Arioste a pu dans un poëme héroïque et sérieux, mêler une fable et un conte de vieille, pour ainsi dire, aussi burlesque qu'est l'histoire de Joconde. *Je sçais bien*, dit un poëte, grand critique, *qu'il y a beaucoup de choses permises aux poëtes et aux peintres; qu'ils peuvent quelquefois donner carriere à leur imagination, et qu'il ne faut pas toujours les resserrer dans les bornes de la raison étroite et rigoureuse ; bien loin de leur vouloir ravir ce privilège, je le leur accorde pour eux, et je le demande pour moi. Ce n'est pas à dire toutefois qu'il leur soit permis pour cela de confondre toutes choses, de renfermer dans un même corps mille espèces différentes, aussi confuses que les rêveries d'un malade, de mêler ensemble des choses incompatibles, d'accoupler les oiseaux avec les serpents, les tigres avec les agneaux.* Comme vous voyez, Monsieur, ce poëte avoit fait le procès à Arioste plus de mille ans avant qu'Arioste eût écrit. En effet, ce corps composé de mille espèces différentes, n'est-ce pas proprement l'image du poëme de Roland le furieux ? Qu'y a-t-il de plus grave et de plus héroïque que certains endroits de ce poëme ? Qu'y a-t-il de plus bas et de plus bouffon, que d'autres ? Et sans chercher si loin, peut-on rien voir de moins sérieux que l'histoire de Joconde et d'Astolfe ? Les aventures de Buscon et de Lazarille ont-elles quelque chose de plus extravagant ? Sans mentir, une telle bassesse est bien éloignée du goût de l'Antiquité ; et qu'auroit-on dit de Virgile, bon Dieu ! si à la descente d'Enée dans l'Italie, il lui avoit fait conter par un hôtelier l'histoire de Peau d'Ane, ou les contes de ma Mere l'Oie ; je dis les contes de ma Mère l'Oie, car l'histoire de Joconde n'est guere d'un autre rang. Que si Homere a été blâmé dans son Odissée (qui est pourtant un ouvrage tout comique, comme l'a remarqué Aristote) si, dis-je, il a été repris par de fort habiles critiques, pour avoir mêlé dans cet ouvrage l'histoire des Compagnons d'Ulisse changés en pourceaux, comme étant indigne de la majesté de son sujet; que diroient ces critiques s'ils voyoient celle de Joconde dans un poëme héroïque? N'auroient-ils pas raison de s'écrier que si cela est reçu, le bon sens ne doit plus avoir de juridiction sur les ouvrages d'esprit, et qu'il ne faut plus parler d'art ni de règles? Ainsi, Monsieur, quelque bonne que soit d'ailleurs la Joconde de l'Arioste, il faut tomber d'accord qu'elle n'est pas en son lieu.

Mais examinons un peu cette histoire en elle-même. Sans mentir, j'ai de la peine à souffrir le sérieux avec lequel Arioste écrit un conte si bouffon. Vous diriez que non-seulement c'est une histoire très-véritable, mais que c'est une chose très-noble et très-héroïque qu'il va raconter : et certes s'il vouloit décrire les exploits d'un Alexandre ou d'un Charlemagne, il ne débuteroit pas plus gravement.

> *Astolfo Re de' Longobardi, quello*
> *A cui lasciò il fratel monaco il Regno,*
> *Fù ne la giovanezza sua si bello,*
> *Che mai poch' altri giunsero à quel segno.*
> *N'havria à fatica un tal fatto à pennello*
> *Appelle, Zeusi, ò se v'è alcun più degno.*

Le bon Messer Ludovico ne se souvenoit pas, ou plutôt ne se soucioit pas du précepte de son Horace.

Versibus exponi tragicis res comica non vult.

Cependant il est certain que ce précepte est fondé sur la pure raison, et que comme il n'y a rien de plus froid que de conter une chose grande en style bas, aussi n'y a-t-il rien de plus ridicule, que de raconter une histoire comique et absurde en termes graves et sérieux, à moins que ce sérieux ne soit affecté tout exprès pour rendre la chose encore plus burlesque. Le secret donc, en contant une chose absurde, est de s'énoncer d'une telle maniere que vous fassiez concevoir au lecteur que vous ne croyez pas vous-même la chose que vous lui contez : car alors il aide lui-même à se décevoir, et ne songe qu'à rire de la plaisanterie agréable d'un auteur qui se joue et ne lui parle pas tout de bon. Et cela est si véritable, qu'on dit même assez souvent des choses qui choquent directement la raison et qui ne laissent pas néanmoins de passer, à cause qu'elles excitent à rire. Tel est cette hyperbole d'un ancien poëte comique pour se moquer d'un homme qui avoit une terre de fort petite étendue : *Il possédoit*, dit ce poëte, *une terre à la campagne qui n'étoit pas plus grande qu'une épitre de Lacédémonien.* Y a-t-il rien, ajoute un ancien rhéteur, de plus absurde que cette pensée? Cependant elle ne laisse pas de passer pour vrai-semblable, parce qu'elle touche la passion, je veux dire qu'elle excite à rire. Et n'est-ce pas en effet ce qui a rendu si agréables certaines lettres de Voiture, comme celles du brochet et de la berne, dont l'invention est absurde d'elle-même, mais dont il a caché les absurdités par l'enjouement de sa narration et par la manière plaisante dont il dit toutes choses? C'est ce que M. D. L. F. a observé dans sa nouvelle : il a cru que dans un conte comme celui de Joconde, il ne falloit pas badiner sérieusement. Il rapporte à la vérité, des aventures extravagantes, mais il les donne pour telles. Partout il rit et il joue, et si le lecteur lui veut faire un procès sur le peu de vrai-semblance qu'il y a aux choses qu'il raconte, il ne va pas comme Arioste les appuyer par des raisons forcées, et plus absurdes encore que la chose même; mais il s'en sauve en riant et en se jouant du lecteur, qui est la route qu'on doit tenir en ces rencontres.

Ridiculum acri
Fortius et melius magnas plerumque secat res.

Ainsi lorsque Joconde, par exemple, trouve sa femme couchée entre les bras d'un valet, il n'y a pas d'apparence que dans la fureur il n'éclate contre elle, ou du moins contre ce valet; comment est-ce donc qu'Arioste sauve cela? Il dit que la violence de l'amour ne lui permit pas de faire ce déplaisir à sa femme.

Mà da l'amor che porta, al suo dispetto,
A l'ingrata moglie, li fù interdetto.

Voilà, sans mentir, un amant bien parfait; et Céladon ni Silvandre ne sont jamais parvenus à ce haut degré de perfection. Si je ne me trompe, c'étoit bien plutôt là une raison, non-seulement pour obliger Joconde à éclater, mais c'en étoit assez pour lui faire poignarder dans la rage sa femme, son valet et soi-même; puisqu'il n'y a point de passion plus tragique et plus violente que la jalousie qui naît d'une extrême amour. Et certainement si les hommes les plus sages et les plus modérés ne sont pas maîtres d'eux-mêmes dans la chaleur de cette passion, et ne peuvent s'empêcher quelquefois de s'emporter jusqu'à l'excès pour des sujets fort légers, que devoit faire un jeune homme, comme Joconde, dans les premiers accès d'une jalousie aussi bien fondée que la sienne? Etoit-il en état de garder encore des mesures avec une perfide, pour qui il ne pouvoit plus avoir que des sentimens d'horreur et de mépris? M. D. L. F. a bien vu l'absurdité qui s'ensuivoit de là; il s'est donc bien gardé de faire Joconde amoureux d'un amour romanesque et extravagant : cela ne serviroit de rien, et une passion comme celle-là n'a point de rapport avec le caractère dont Joconde nous est dépeint ni avec ses aventures amoureuses. Il l'a donc représenté seulement, comme un homme persuadé à fond de la vertu et de l'honnêteté de sa femme. Ainsi quand il vient à reconnoître l'infidélité de cette femme, il peut fort bien par un sentiment d'honneur, comme le suppose monsieur de la Fontaine, n'en rien témoigner, puisqu'il n'y a rien qui fasse plus de tort à un homme d'honneur en ces sortes de rencontres, que l'éclat.

> Tous deux dormoient : dans cet abord Joconde
> Voulut les envoyer dormir en l'autre monde ;
> Mais cependant il n'en fit rien,
> Et mon avis est qu'il fit bien.
> Le moindre bruit que l'on peut faire
> En telle affaire,
> Est le plus sûr de la moitié.
> Soit par prudence ou par pitié,
> Le Romain ne tua personne, etc.

Que si Arioste n'a supposé l'extrême amour de Joconde que pour fonder la maladie et la maigreur qui lui vint ensuite, cela n'étoit point nécessaire, puisque la seule pensée d'un affront n'est que trop suffisante pour faire tomber malade un homme de cœur. Ajoutez à toutes ces raisons, que l'image d'un honnête homme lâchement trahi par une ingrate qu'il aime, tel que Joconde nous est représenté dans l'Arioste, a quelque chose de tragique, et qui ne vaut rien dans un conte pour rire : au lieu que la peinture d'un mari qui se résout à souffrir discrètement les plaisirs de sa femme, comme l'a dépeint monsieur de la Fontaine, n'a rien que de plaisant et d'agréable, et c'est le sujet ordinaire de nos comédies. Arioste n'a pas mieux réussi dans cet autre endroit où Joconde apprend au roi l'abandonnement de sa femme avec le plus laid monstre de sa cour. Il n'est pas vrai-semblable que le roi n'en témoigne rien. Que fait donc l'Arioste pour fonder cela ? Il dit que Joconde, avant que de découvrir ce secret au roi, le fit jurer sur le saint Sacrement, ou sur l'*Agnus Dei,* ce sont ses termes, qu'il ne s'en ressentiroit point. Ne voilà-t-il pas une invention bien agréable? Et le saint Sacrement n'est-il pas là bien placé? Il n'y a que la licence italienne qui puisse mettre une semblable impertinence à couvert, et de pareilles sottises ne se souffrent point en latin ni en françois. Mais comment est-ce qu'Arioste sauvera toutes les autres absurdités qui s'ensuivent de-là? Où est-ce que Joconde trouve si vite une hostie sacrée pour faire jurer le roi? Et quelle apparence qu'un roi s'engage ainsi legérement à un simple gentilhomme par un serment si exécrable? Avouons que M. D. L. F. s'est bien plus sagement tiré de ce pas par la plaisanterie de Joconde, qui propose au roi, pour le consoler de cet accident, l'exemple des rois et des césars, qui avoient souffert un semblable malheur avec une constance toute héroïque, et peut-on en sortir plus agréablement qu'il fait par ces vers?

> Mais enfin il le prit en homme de courage,
> En galant homme, et pour le faire court,
> En véritable homme de cour.

Ce trait ne vaut-il pas mieux lui seul que tout le sérieux de l'Arioste? Ce n'est pas pourtant qu'Arioste n'ait cherché le plaisant autant qu'il a pu, et on peut dire de lui ce que Quintilien dit de Démosthène: *Non displicuisse illi jocos, sed non contigisse;* qu'il ne fuyoit pas les bons mots, mais qu'il ne les trouvoit pas. Car, quelquefois, de la plus haute gravité de son style il tombe dans des bassesses à peine dignes du burlesque. En effet qu'y a-t-il de plus ridicule que cette longue généalogie qu'il fait du reliquaire que Joconde reçut de sa femme en partant? Cette raillerie contre la religion n'est-elle pas bien en son lieu? Que peut-on voir de plus sale que cette métaphore ennuieuse, prise de l'exercice des chevaux, de laquelle Astolfe et Joconde se servent pour se reprocher l'un à l'autre leur paillardise? Que peut-on imaginer de plus froid que cette équivoque qu'il emploie à propos du retour de Joconde à Rome? On croyoit, dit-il, qu'il étoit allé à Rome, et il étoit allé à Corneto.

*Credeano che da lor si fosse tolto
Per gire à Roma, è gito era à Corneto.*

Si M. D. L. F. avoit mis une semblable sottise dans toute sa pièce, trouveroit-il grace auprès de ses censeurs? Et une impertinence de cette force n'auroit-elle pas été capable de décrier tout son ouvrage, quelques beautés qu'il eût eu d'ailleurs? Mais certes il ne falloit pas appréhender cela de lui. Un homme formé, comme je vois bien qu'il l'est, au gout de Térence et de Virgile, ne se laisse pas emporter à ces extravagances italiennes, et ne s'écarte pas ainsi de la route du bon sens. Tout ce qu'il dit est simple et naturel; et ce que j'estime sur-tout en lui, c'est une certaine naïveté de langage que peu de gens connoissent, et qui fait pourtant tout l'agrément du discours. C'est cette naïveté inimitable, qui a été tant estimée dans les écrits d'Horace et de Térence, à laquelle ils se sont étudiés particulièrement, jusqu'à rompre pour cela la mesure de leurs vers, comme a fait monsieur de la Fontaine en beaucoup d'endroits. En effet, c'est ce *molle* et ce *facetum* qu'Horace attribue à Virgile et qu'Appollon ne donne qu'à ses favoris. En voulez-vous des exemples?

> Marié depuis peu ; content, je n'en sçais rien :
> Sa femme avoit de la jeunesse,
> De la beauté, de la délicatesse ;
> Il ne tenoit qu'à lui qu'il ne s'en trouvât bien.

S'il eût dit simplement que Joconde vivoit content avec sa femme, son discours auroit été assez froid ; mais par ce doute où il s'embarrasse lui-même, et qui ne veut pourtant dire que la même chose, il enjoue sa narration et occupe agréablement le lecteur. C'est ainsi qu'il faut juger de ces vers de Virgile dans une de ses églogues, à propos de Médée, à qui une fureur d'amour et de jalousie avoit fait tuer ses enfans :

> *Crudelis mater magis, an puer improbus ille?*
> *Improbus ille puer; crudelis tu quoque mater.*

Il en est de même encore de cette réflexion que fait M. D. L. F. à propos de la désolation que fait paroître la femme de Joconde, quand son mari est prêt à partir.

> Vous autres bonnes gens auriez cru que la dame,
> Une heure après eût rendu l'ame;
> Moi qui sçais ce que c'est que l'esprit d'une femme, etc.

Je pourrois vous montrer beaucoup d'endroits de la même force, mais cela ne serviroit de rien pour convaincre votre ami : ces sortes de beautés sont de celles qu'il faut sentir et qui ne se prouvent point. C'est ce je-ne-sçais-quoi qui nous charme, et sans lequel la beauté même n'auroit ni grace, ni beauté; mais après tout c'est un je-ne-sçais-quoi; et si votre ami est aveugle, je ne m'engage pas à lui faire voir clair : et c'est aussi pourquoi vous me dispenserez, s'il vous plaît, de répondre à toutes les vaines objections qu'il vous a faites; ce seroit combattre des fantômes qui s'évanouissent d'eux-mêmes, et je n'ai pas entrepris de dissiper toutes les chimeres qu'il est d'humeur à se former dans l'esprit.

Mais il y a deux difficultés, dites-vous, qui vous ont été proposées par un fort galant homme, et qui sont capables de vous embarrasser. La premiere regarde l'endroit où ce valet d'hôtellerie trouve moyen de coucher avec la commune maîtresse d'Astolfe et de Joconde, au milieu de ces deux galants; cette aventure, dit-on, paroît mieux fondée dans l'original, parce qu'elle se passe dans une hôtellerie où Astolfe et Joconde viennent d'arriver fraîchement, et d'où ils doivent partir le lendemain, ce qui est une raison suffisante pour obliger ce valet à ne point perdre de temps, et à tenter ce moyen, quelque dangereux qu'il puisse être, pour jouir de sa maîtresse; parceque s'il laisse échapper cette occasion il ne la pourra plus recouvrer : au lieu que dans la Nouvelle de M. D. L. F. tout ce mystère arrive chez un hôte où Astolfe et Joconde font un assez long séjour. Ainsi, ce valet logeant avec celle qu'il aime, et étant avec elle tous les jours, vraisemblablement il pouvoit trouver d'autres voies plus sûres pour coucher avec elle, que celle dont il se sert. A cela je répons, que si ce valet a recours à celle-ci, c'est qu'il n'en peut imaginer de meilleure, et qu'un gros brutal, tel qu'il nous est représenté par M. D. L. F. et tel qu'il devoit être en effet, pour faire une entreprise comme celle-là, est fort capable de hazarder tout pour se satisfaire, et n'a pas toute la prudence que pourroit avoir un honnête homme. Il y auroit quelque chose à dire si M. D. L. F. nous l'avoit représenté comme un amoureux de roman, tel qu'il est dépeint dans Arioste, qui n'a pas pris garde que ces paroles de tendresse et de passion qu'il lui met dans la bouche sont fort bonnes pour un Tircis, mais ne conviennent pas trop bien à un muletier. Je soutiens en second lieu que la même raison qui dans Arioste empêche tout un jour ce valet et cette fille de pouvoir exécuter leur volonté, cette même raison, dis-je, a pu subsister plusieurs jours, et qu'ainsi étant continuellement observés l'un et l'autre par les gens d'Astolfe et de Joconde, et par les autres valets de l'hôtellerie, il n'est pas en leur pouvoir d'accomplir leur dessein, si ce n'est la nuit. Pourquoi donc, me direz-vous, M. D. L. F. n'a-t-il point exprimé cela? Je soutiens qu'il n'étoit point obligé de le faire, parceque cela se suppose aisément de soi-même, et que tout l'artifice de la narration consiste à ne marquer que les circonstances qui sont absolument nécessaires. Ainsi, par exemple, quand je dis qu'un tel est de retour de Rome, je n'ai que faire de dire qu'il y étoit allé, puisque cela s'ensuit de-là nécessairement. De même, lorsque dans la Nouvelle de M. D. L. F. la fille dit au valet qu'elle ne lui peut pas accorder sa demande, parce que si elle le faisoit elle perdroit infailliblement l'anneau qu'Astolfe et Joconde lui avoient promis, il s'ensuit de-là infailliblement qu'elle ne lui pouvoit accorder cette demande sans être découverte, autrement l'anneau n'auroit couru aucun risque. Qu'étoit-il donc besoin que M. D. L. F. allât perdre en paroles inutiles, le temps qui est si cher dans une narration? On me dira peut-être que M. D. L. F. après tout, n'avoit que faire de changer ici l'Arioste : mais qui ne voit au contraire que par là il a évité une absurdité manifeste, c'est à sçavoir ce marché qu'Astolfe et Joconde font avec leur hôte, par lequel ce pere vend sa fille à beaux deniers comptans? En effet, ce marché n'a-t-il pas quelque chose de choquant, ou plutôt d'horrible? Ajoutez que dans la Nouvelle de M. D. L. F. Astolfe et Joconde sont trompés bien plus plaisamment, parce qu'ils regardent tous deux cette fille, qu'ils ont abusée, comme une jeune innocente à qui ils ont donné, comme il dit :

La premiere leçon du plaisir amoureux.

Au lieu que dans l'Arioste, c'est une infâme qui va courir le païs avec eux, et qu'ils ne sçauroient regarder que comme une garce publique.

Je viens à la seconde objection. Il n'est pas vraisemblable, vous a-t-on dit, que, quand Astolfe et Joconde prennent résolution de courir ensemble le païs, le roi, dans la douleur où il est, soit le premier qui s'avise d'en faire la proposition, et il semble qu'Arioste ait mieux réussi de la faire faire par Joconde. Je dis que c'est tout le contraire, et qu'il n'y a point d'apparence qu'un simple gentilhomme fasse à un roi une proposition si étrange, que celle d'abandonner son royaume, et d'aller exposer sa personne en des païs éloignés, puisque même la seule pensée en est coupable : au lieu qu'il peut fort bien tomber dans l'esprit d'un roi, qui se voit sensiblement outragé en son honneur, et qui ne sçauroit plus voir sa femme qu'avec chagrin, d'abandonner sa cour pour quelque temps afin de s'ôter de devant les yeux un objet qui ne lui peut causer que de l'ennui.

Si je ne me trompe, monsieur, voilà vos doutes assez bien résolus; ce n'est pas pourtant que de-là je veuille inférer que M. D. L. F. ait sauvé toutes les absurdités qui sont dans l'histoire de Joconde : il y auroit eu de l'absurdité à lui-même d'y penser; ce seroit vouloir extravaguer sagement, puisqu'en effet toute cette histoire n'est autre chose qu'une extravagance assez ingénieuse, continuée depuis un bout jusqu'à l'autre. Ce que j'en dis n'est seulement que pour vous faire voir qu'aux endroits où il s'est écarté de l'Arioste, bien loin d'avoir fait de nouvelles fautes, il a rectifié celles de cet auteur. Après tout néanmoins il faut avouer que c'est à Arioste qu'il doit sa principale invention; ce n'est pas que les choses qu'il a ajoutées de lui-même ne pûssent entrer en paralelle avec tout ce qu'il y a de plus ingénieux dans l'histoire de Joconde. Telle est l'invention du livre blanc que nos deux aventuriers emporterent pour mettre les noms de celles qui ne seroient pas rebelles à leurs vœux; car cette badinerie me semble bien aussi agréable que tout le reste du conte. Il n'en faut pas moins dire de cette plaisante contestation qui s'émut entre Astolfe et Joconde pour le pucelage de leur commune maîtresse, qui n'étoit pourtant que les restes d'un valet. Mais, monsieur, je ne veux point chicaner mal à propos : donnons si vous voulez, à Arioste toute la gloire de l'invention; ne lui dénions pas le prix qui lui est justement dû pour l'élégance, la netteté et la briéveté inimitable avec laquelle il dit tant de choses en si peu de mots; ne rabaissons point malicieusement en faveur de notre nation, le plus ingénieux auteur des derniers siécles; mais que les graces et les charmes de son esprit ne nous enchantent pas de telle sorte qu'il nous empêche de voir les fautes de jugement qu'il a faites en plusieurs endroits; et quelque harmonie de vers dont il nous frappe l'oreille, confessons que M. D. L. F. ayant conté plus plaisamment une chose très-plaisante, il a mieux compris l'idée et le caractere de la narration.

Après cela, monsieur, je ne pense pas que vous voulussiez exiger de moi de vous marquer ici exactement tous les défauts qui sont dans la pièce de M. Bouillon; j'aimerois autant être condamné à faire l'analyse exacte d'une chanson du Pont-Neuf par les règles de la poëtique d'Aristote. Jamais stile ne fut plus vicieux que le sien, et jamais stile ne fut plus éloigné de celui de M. D. L. F. Ce n'est pas, monsieur, que je veuille faire passer ici l'ouvrage de M. D. L. F. pour un ouvrage sans défauts: je le tiens assez galant homme pour tomber d'accord lui-même des négligences qui s'y peuvent rencontrer; et où ne s'en rencontre-t-il point? Il suffit pour moi que le bon y passe infiniment le mauvais, et c'est assez pour faire un ouvrage excellent.

Ergo ubi plura nitent in carmine, non ego paucis Offendar maculis.

Il n'en est pas ainsi de monsieur Bouillon: c'est un auteur sec et aride; toutes ses expressions sont rudes et forcées; il ne dit jamais rien qui ne puisse être mieux dit; et bien qu'il bronche à chaque ligne, son ouvrage est moins à blâmer pour les fautes qui y sont que pour l'esprit et le génie qui n'y est pas. Je ne doute point que vos sentimens en cela ne soient d'accord avec les miens; mais s'il vous semble que j'aille trop avant, je veux bien pour l'amour de vous me faire un effort et en examiner seulement une page.

> Astolphe, roi de Lombardie,
> A qui son frere, plein de vie,
> Laissa l'empire glorieux,
> Pour se faire religieux,
> Naquit d'une forme si belle
> Que Zeuxis et le grand Appelle
> De leur docte et fameux pinceau
> N'ont jamais rien fait de si beau.

Que dites-vous de cette longue période? n'est-ce pas bien entendre la maniere de conter, qui doit être simple et coupée, que de commencer une narration en vers par un enchaînement de paroles à peine supportable dans l'exorde d'une Oraison?

> A qui son frere, plein de vie.

Plein de vie est une cheville; d'autant plus qu'il n'est pas du texte: M. Bouillon l'a ajouté de sa grace, car il n'y a point en cela de beauté qui l'y ait contraint.

> Laissa l'empire glorieux.

Ne semble-t-il pas que, selon M. Bouillon, il y a

un empire particulier des Glorieux, comme il y a un empire des Ottomans et des Romains, et qu'il a dit l'empire *glorieux* comme un autre diroit l'empire Ottoman? ou bien il faut tomber d'accord que le mot de *glorieux* en cet endroit-là est une cheville, et une cheville grossiere et ridicule.

> Pour se faire religieux.

Cette maniere de parler est basse, et nullement poëtique.

> Naquit d'une forme si belle.

Pourquoi naquit? N'y a-t-il pas des gens qui naissent fort beaux et qui deviennent fort laids dans la suite du temps? et au contraire n'en voit-on pas qui viennent fort laids au monde et que l'âge ensuite embellit?

> Que Zeuxis et le grand Appelle.

On peut bien dire qu'Appelle étoit un grand peintre, mais qui a jamais dit le grand Appelle? Cet épithete de *grand* tout simple ne se donne jamais qu'à des conquérans et à nos saints. On peut bien appeler Cicéron un grand orateur, mais il seroit ridicule de dire le grand Cicéron; et cela auroit quelque chose d'enflé et de puéril. Mais qu'a fait ici le pauvre *Zeuxis* pour demeurer sans épithete, tandis qu'Appelle est *le grand* Appelle? Sans mentir il est bien malheureux que la mesure du vers ne l'ait pas permis, car il auroit été au moins le brave Zeuxis.

> De leur docte et fameux pinceau
> N'ont jamais rien fait de si beau.

Il a voulu exprimer ici la pensée de l'Arioste, que, quand Zeuxis et Appelle auroient épuisé tous leurs efforts pour peindre une beauté douée de toutes les perfections, cette beauté n'auroit pas égalé celle d'Astolfe. Mais qu'il y a mal réussi! et que cette façon de parler est grossiere : *n'ont jamais rien fait de si beau, de leur pinceau.*

> Mais si sa grace sans pareille.

Sans pareille est là une cheville; et le poëte n'a pas pu dire cela d'Astolfe, puisqu'il déclare dans la suite qu'il y avoit un homme au monde plus beau que lui: c'est à sçavoir Joconde.

> Etoit du monde la merveille.

Cette transposition ne se peut souffrir.

> Ni les avantages que donne
> Le royal éclat de son sang.

Ne diriez-vous pas que le sang des Astolfes de Lombardie est ce qui donne ordinairement de l'éclat? Il falloit dire : ni les avantages que lui donnoit le royal éclat de son sang.

Dans les Italiques provinces.

Cette maniere de parler sent le poëme épique, où même elle ne seroit pas fort bonne, et ne vaut rien du tout dans un conte, où les façons de parler doivent être simples et naturelles.

Elevoient au-dessus des anges.

Pour parler françois il falloit dire : élevoient au-dessus de ceux des anges.

Au prix des charmes de son corps.

De son corps est dit bassement, et pour rimer; il falloit dire : *de sa beauté*.

Si jamais il avoit vu naître.

Naître est maintenant aussi peu nécessaire qu'il l'étoit tantôt.

Rien qui fût comparable à lui.

Ne voilà-t-il pas un joli vers?

> Sire, je crois que le soleil
> N'a jamais rien fait de pareil,
> Si ce n'est mon frere Joconde,
> Qui n'a point de pareil au monde.

Le pauvre Bouillon s'est terriblement embarrassé dans ces termes de pareil et de sans pareil : il a dit là-bas que la beauté d'Astolfe n'a point de pareille, ici il dit que c'est la beauté de Joconde qui est sans pareille ; de-là il conclut que la beauté sans pareille du roi, n'a de pareille que la beauté sans pareille de Joconde. Mais, sauf l'honneur de l'Arioste, que M. Bouillon a suivi en cet endroit, je trouve ce compliment fort impertinent, puisqu'il n'est pas vrai-semblable qu'un courtisan aille de but en blanc dire à un roi qui se pique d'être le plus bel homme de son siécle : j'ai un frere plus beau que vous. M. D. L. F. a bien fait d'éviter cela et de dire simplement que ce courtisan prit cette occasion de louer la beauté de son frere, sans l'élever néanmoins au-dessus de celle du roi. Comme vous voyez, monsieur, il n'y a pas un vers où il n'y ait quelque chose à reprendre, et que Quintilien n'envoyât rebattre sur l'enclume. Mais en voilà assez ; et quelque résolution que j'aie prise d'examiner la page entiere, vous trouverez bon que je me fasse grace à moi-même, et que je ne passe pas plus avant. Et que seroit-ce, bon Dieu ! si j'allois rechercher toutes les impertinences de cet ouvrage, les mauvaises façons de parler, les rudesses, les incongruités, les choses froides et platement dites qui s'y rencontrent par-tout ? Que dirions-nous de *ces murailles dont les ouvertures baillent ?* De *ces erremens qu'Astolfe et Joconde suivent dans les païs Flamans ?* Suivre des erremens, juste ciel ! quelle langue est-ce là ? Sans mentir, je suis honteux pour M. D. L. F. de voir qu'il ait pu être mis en paralelle avec un tel auteur ; mais je suis encore plus honteux pour votre ami : je le trouve bien hardi sans doute d'oser ainsi hazarder cent pistoles sur la foi de son jugement. S'il n'a point de meilleure caution, et qu'il fasse souvent de semblables gageures, il est au hazard de se ruiner. Voilà, monsieur, la maniere ordinaire des demi-critiques ; de ces gens, disje, qui sous ombre d'un sens commun, tourné pourtant à leur mode, prétendent avoir droit de juger souverainement de toutes choses, corrigent, disposent, réforment, louent, approuvent, condamnent tout au hazard. J'ai peur que votre ami ne soit un peu de ce nombre : je lui pardonne cette haute estime qu'il fait de la pièce de M. B***, je lui pardonne même d'avoir chargé sa mémoire de toutes les sottises de cet ouvrage ; mais je ne lui pardonne pas la confiance avec laquelle il se persuade que tout le monde confirmera son sentiment. Pense-t il donc que trois des plus galants hommes de France aillent de gaieté de cœur se perdre d'estime dans l'esprit des habiles gens, pour lui faire gagner cent pistoles ? Et depuis Midas, d'impertinente mémoire, s'est-il trouvé personne qui ait rendu un jugement aussi absurde que celui qu'il attend d'eux? Mais, monsieur, il me semble qu'il y a assez long-temps que je vous entretiens, et ma Lettre pourroit à la fin passer pour une dissertation préméditée. Que voulez-vous? c'est que votre gageure me tient au cœur, et j'ai été bien aise de vous justifier à vous-même le droit que vous avez sur les cent pistoles de votre ami. J'espere que cela servira à vous faire voir avec combien de passion je suis, etc.

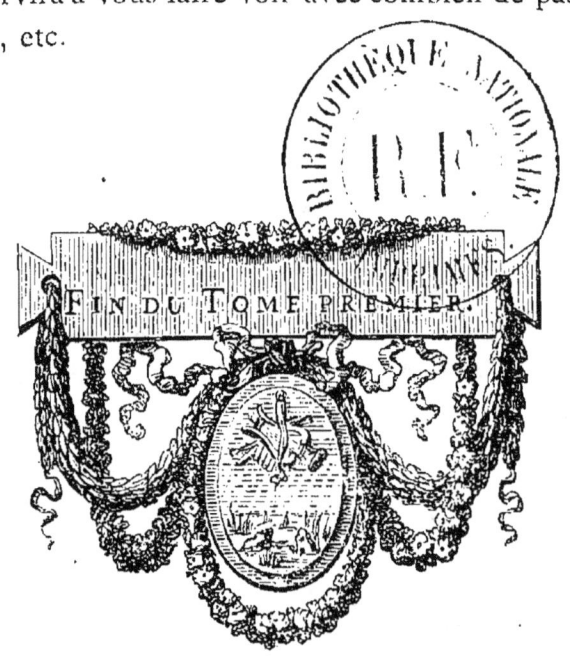

TABLE DES CONTES

DU PREMIER VOLUME.

Notice bibliographique, *par P. Lacroix.*
Notice nécrologique, *par Diderot.*
Préface.
Joconde. *Nouvelle tirée de l'Arioste.* 1
Le Cocu batu et content. *Nouvelle tirée de Bocace.* 23
Le Mari confesseur. *Conte tiré des Cent Nouvelles nouvelles.* 31
Le Savetier. 33
Le Paysan qui avoit offensé son Seigneur. 35
Le Muletier. *Nouvelle tirée de Bocace.* 41
La Servante justifiée. *Nouvelle tirée des Contes de la Reine de Navarre.* 47
La Gageure des trois Commeres. *Où sont deux Nouvelles tirées de Bocace.* 53
Le Calendrier des Vieillards. *Nouvelle tirée de Bocace.* 69
A Femme avare Galant escroc. *Nouvelle tirée de Bocace.* 81
On ne s'avise jamais de tout. *Conte tiré des Cent Nouvelles nouvelles.* 85
Le Gascon puni. *Nouvelle.* 87
La Fiancée du Roi de Garbe. *Nouvelle.* 93
La Coupe enchantée. *Nouvelle tirée de l'Arioste.* 127
Le Faucon. *Nouvelle tirée de Bocace.* 147
Le petit Chien qui secoue de l'argent et des pierreries. 159
Pâté d'Anguille. 181
Le Magnifique. 187

La Matrone d'Ephese.	197
Belphégor. *Nouvelle tirée de Machiavel.*	205
La Clochette. *Conte.*	219
Le Glouton. *Conte tiré d'Athénée.*	223
Les deux Amis.	225
Le Juge de Mesle.	227
Alix malade.	229
Le Baiser rendu.	231
Sœur Jeanne.	233
Imitation d'Anacréon.	235
Autre Imitation d'Anacréon.	237
Dissertation sur la Joconde.	241

FIN DE LA TABLE.

A PARIS

DES PRESSES DE D. JOUAUST

Rue Saint-Honoré, 338

MDCCCLXXIV

Cartons du tome 1er.

d'excuses polies et flatteuses. On lui dit que les Fermiers-généraux renonçaient à publier les Contes *dans le même format que les* Fables de La Fontaine *, et Fréron, croyant que la publication projetée n'aurait pas de suite, s'empressa de donner sa notice à un libraire, qui la fit paraître, en 1757, dans une très-jolie édition imprimée à Paris, en deux volumes, petit in-12, sous la rubrique de* Londres. *Les Fermiers-généraux se trouvèrent ainsi débarrassés de Fréron et de sa notice. Diderot avait promis d'en donner une : il se contenta, le moment venu, d'écrire quatre pages anonymes qui parurent en tête de l'édition des* Contes *et qui n'ont pas encore été recueillies dans ses œuvres. C'est un morceau exquis, plein de finesse et d'originalité, et bien supérieur à la notice de Fréron, vingt fois plus longue, mais qui ne fait pas mieux connaître le génie de La Fontaine.*

L'impression du texte et des figures une fois achevée, on fit relier les exemplaires, que les Fermiers-généraux étaient convenus de se partager entre eux. Il y eut seulement douze exemplaires de premier choix, destinés à des présents de cour : ces exemplaires, dans lesquels toutes les gravures étaient décentes et couvertes, avaient été reliés, par Derome jeune, avec une merveilleuse richesse, en maroquin de couleur, à compartiments en mosaïque de couleurs différentes, accompagnés de dorures représentant des fleurs et des fruits. Un de ces douze exemplaires est décrit dans le Catalogue des livres de Lefébure de Rouen, rédigé par Chardin en 1797; cet exemplaire, qui ne fut pourtant vendu que 73 francs, était relié en maroquin rouge, doublé de tabis : « Les épreuves de cet exemplaire, disait le libraire, sont de la plus grande beauté. C'est un des douze qui ont été tirés pour les présents. Il a appartenu au prince de Marsan. » Un autre exemplaire ana-

logue se trouvait dans la vente Trudaine en 1803 : « Les Fermiers-généraux, dit une note du savant libraire Bleuet, avaient fait graver des fers particuliers pour la dorure des exemplaires qui leur étaient personnellement destinés et de ceux qu'ils donnaient en présent. Celui-ci est un de ces derniers : les marges en sont grandes et bien conservées, et les épreuves très-belles. Ces sortes d'exemplaires se rencontrent très-rarement et sont fort recherchées des amateurs. » Enfin, le magnifique exemplaire qui avait été acquis à la vente du comte de La Bédoyère, en 1837, par l'illustre auteur du MANUEL DU LIBRAIRE, était aussi un de ces douze exemplaires de présent : il provenait du duc de La Vallière, et il avait été possédé tour à tour par Naigeon et par Firmin Didot. Le savant libraire, M. L. Potier, qui rédigea le Catalogue de Jacques-Charles Brunet, a pu dire de cet exemplaire incomparable : « C'est le chef-d'œuvre de Derome, et l'on peut aussi peut-être ajouter celui de la reliure du XVIIIe siècle. » Nous trouvons encore dans les anciens catalogues deux exemplaires, avec figures en premières épreuves, et reliure en maroquin rouge, à compartiments et dentelles, doublés de tabis : celui du fermier-général Randon de Boisset, annoncé comme « exemplaire de choix » dans son Catalogue et vendu seulement 139 livres 19 sous, en 1777, et celui de Gouttard, en maroquin bleu, doublé de tabis, en 1780.

Le prospectus de la réimpression des CONTES DE LA FONTAINE, en 1792, avec les figures d'Eisen en anciennes épreuves, renferme quelques indications qui, pour n'étre pas d'une authenticité irrécusable, méritent cependant d'être conservées, à titre de document presque contemporain. Le libraire Chevalier, qui avait fait cette réimpression et qui la vendait « au Vieux-Louvre, porte du Cadran, ci-devant Royale », nous apprend que l'édition dite des

PRÉFACE DE L'AUTEUR

SUR LE PREMIER TOME DE CES CONTES

J'AVOIS *résolu de ne consentir à l'impression de ces Contes qu'après que j'y pourrois joindre ceux de Bocace, qui sont le plus à mon goût ; mais quelques personnes m'ont conseillé de donner dès à présent ce qui me reste de ces bagatelles, afin de ne pas laisser refroidir la curiosité de les voir,* qui est encore en son premier feu. Je me suis rendu à cet avis sans beaucoup de peine, et j'ai cru pouvoir profiter de l'occasion. Non-seulement cela m'est permis, mais ce seroit vanité à moi de mépriser un tel avantage. Il me suffit de ne pas vouloir qu'on impose en ma faveur à qui que ce soit, et de suivre un chemin contraire à celui de certaines gens qui ne s'acquiérent des amis que pour s'acquérir des suffrages par leur moyen ; créatures de la Cabale, bien différens de cet Espagnol qui se piquoit d'être fils de ses propres œuvres. Quoique j'aie autant de besoin de ces artifices que pas un autre, je ne sçaurois me résoudre à les employer : seulement je m'accommoderai, s'il m'est possible, au goût de mon siécle, instruit que je suis par ma propre expérience, qu'il n'y a rien de plus nécessaire. En effet, on ne peut pas dire que toutes saisons soient favorables pour toutes sortes de livres. Nous avons vu les Rondeaux, les Métamorphoses, les Bouts-rimés, régner tour à tour. Maintenant ces galanteries sont hors de mode, et personne ne s'en soucie : tant il est certain que ce qui plaît en un temps peut ne pas plaire en un autre ! Il n'appartient qu'aux

JOCONDE

NOUVELLE TIRÉE DE L'ARIOSTE

ADIS régnoit en Lombardie
Un prince aussi beau que le jour,
Et tel que, des beautés qui régnoient à sa cour
La moitié lui portoit envie,
L'autre moitié brûloit pour lui d'amour.
Un jour, en se mirant : Je fais, dit-il, gageure
Qu'il n'est mortel dans la nature
Qui me soit égal en appas;
Et gage, si l'on veut, la meilleure province

De mes États ;
Et s'il s'en rencontre un, je promets, foi de prince.
De le traiter si bien qu'il ne s'en plaindra pas.
A ce propos s'avance un certain gentilhomme
D'auprès de Rome.
Sire, dit-il, si votre Majesté
Est curieuse de beauté,
Qu'elle fasse venir mon frere ;
Aux plus charmans il n'en doit guere :
Je m'y connois un peu, soit dit sans vanité.
Toutefois, en cela pouvant m'estre flatté,
Que je n'en sois pas crû, mais les cœurs de vos dames ;
Du soin de guérir leurs flâmes
Il vous soulagera, si vous le trouvez bon :
Car de pourvoir vous seul au tourment de chacune,
Outre que tant d'amour vous seroit importune,
Vous n'auriez jamais fait ; il vous faut un second.
Là-dessus Astolphe répond :
(C'est ainsi qu'on nommoit ce roi de Lombardie)
Votre discours me donne une terrible envie
De connoître ce frere ; amenez-le-nous donc.
Voyons si nos beautés en seront amoureuses ;
Si ses appas le mettront en crédit :
Nous en croirons les connoisseuses,
Comme très-bien vous avez dit.

www.ingramcontent.com/pod-product-compliance
Lightning Source LLC
Chambersburg PA
CBHW072124220426
43664CB00013B/2120